兒童情商力

Children's Emotional Intelligence

朱凌，常清 著

從處理情緒到自信獨立

消化憤怒 × 理性表達 × 溫柔回應，
停止咆哮「這是為你好」，了解孩子真正的需求

▶ 先處理情緒再談問題，高 EQ 溝通是友善相處關鍵
▶ 合理讚美與適度批評，培養孩子的信心與正向發展
▶ 鼓勵自立與訓練合作，營造和諧又穩定的家庭氛圍

越關心孩子他們越不領情，越說不可以就越故意；
家長在崩潰大吼之前，先嘗試和他們「平起平坐」！

目錄

Part 1　請「蹲下來」跟孩子說話 ──
　　　　高 EQ 溝通術就是先處理情緒，再處理事情

　　1 ～ 18 歲孩子的成長密碼：愛他，就要懂他 ………… 008
　　當孩子哭了，你的第一句話決定孩子性格 …………… 015
　　否認感受：有一種冷叫媽媽覺得你冷 ………………… 021
　　能陪著孩子「難過」的父母，是最好的父母 ………… 024
　　有「聽話」的父母，是什麼樣的體驗 ………………… 028
　　別讓「關心」用錯了地方……………………………… 032
　　孩子愛抱怨？先處理情緒，再處理事情……………… 035
　　當孩子說「打阿姨」時………………………………… 039
　　相信孩子內在有一個「需求」，而不是無理取鬧…… 043
　　當孩子「出格」時，先別急著罵孩子………………… 047
　　否認能力：毀掉一個孩子，三個字足夠了…………… 050

Part 2　「正確表揚孩子」的話 ──
　　　　高段位的表揚，才能帶來積極的能量

　　讚美使人進步，但「你真漂亮」除外 ………………… 056
　　你總是誇孩子聰明，所以他變笨了…………………… 060

003

目錄

孩子賭氣，可能是在「求表揚」……………………… 063
一種高段位的表揚法，不知道你就落伍了 …………… 068
如何科學地使用物質獎勵……………………………… 070
預支表揚，給孩子一個向上的理由…………………… 073
表揚孩子，請不要表演………………………………… 076
父母常說這一句話，孩子想不優秀都難 ……………… 078
強化孩子的優點就是弱化其缺點 ……………………… 081
別人誇你家孩子時，你第一句話一定不能這麼說 …… 083

Part 3 「適度批評孩子」的話 ——
有一種傷害叫做「看看別人家的孩子」

有一種傷害叫做「看看別人家的孩子」 ……………… 088
反覆批評不管用？簡短描述問題就好了 ……………… 090
如何有效批評？讓孩子聽懂很重要 …………………… 094
別用嘴說，用紙「說」………………………………… 096
高階版「寫便條」，大寫加粗的服氣 ………………… 099
「育子七不責」，對眾不責排首位 …………………… 102
最受歡迎的批評方式…………………………………… 105
給批評加點「調味料」………………………………… 109

Part 4 「有效懲罰孩子」的話 ──
讓孩子失去犯錯的勇氣,是最失敗的教育

美國家長管教法:不發脾氣的「Time-Out」⋯⋯⋯⋯⋯ 114

懲罰的語言中,請去除「你」字⋯⋯⋯⋯⋯⋯⋯⋯⋯ 117

給責備加層「糖」,「但是」來幫忙⋯⋯⋯⋯⋯⋯⋯⋯ 120

出了問題:要回應,而不是反應⋯⋯⋯⋯⋯⋯⋯⋯⋯ 123

讓「結果」說話⋯⋯⋯⋯⋯⋯⋯⋯⋯⋯⋯⋯⋯⋯⋯ 126

懲罰你,和爸爸一起把玩具恢復原狀⋯⋯⋯⋯⋯⋯⋯ 130

面對孩子發脾氣,高 EQ 父母選擇不接招⋯⋯⋯⋯⋯ 133

Part 5 「鼓勵孩子自立」的話 ──
獨立而自信的孩子,全世界都會為他讓路

敲黑板:事事順從的孩子創造力幾乎為零⋯⋯⋯⋯⋯ 138

畫重點:不是孩子沒主見,而是家長太強勢⋯⋯⋯⋯ 141

一旦吝嗇給孩子自由,你就輸了⋯⋯⋯⋯⋯⋯⋯⋯⋯ 145

肯定句,是個有能量的句式⋯⋯⋯⋯⋯⋯⋯⋯⋯⋯⋯ 149

孩子總是和你爭辯,這是好事⋯⋯⋯⋯⋯⋯⋯⋯⋯⋯ 151

你又不是「Google」,別急著告訴孩子答案⋯⋯⋯⋯ 154

會說不如會問,把問題拋給孩子⋯⋯⋯⋯⋯⋯⋯⋯⋯ 157

培養 1＋1＞2 的意識,讓孩子更自立⋯⋯⋯⋯⋯⋯ 160

目錄

Part 6 「贏得孩子合作」的話 ——
學會這些套路，原來高 EQ 這麼簡單

孩子像蝸牛一樣慢？揪出原因附對策 …………… 166
孩子過馬路不讓牽手，媽媽這麼說皆大歡喜 ………… 172
孩子膽小，是你無心布的局……………………… 175
孩子出口成「髒」？正確引導是關鍵 ……………… 179
孩子為什麼會說謊？看看阿德勒怎麼說 …………… 183
孩子不愛刷牙？別急別煩，這裡有辦法…………… 189
孩子挑食，多半是父母的過？早改孩子早長高 ……… 192
孩子愛「順手牽羊」怎麼辦 ……………………… 196

Part 7 高 EQ 父母的自我修練 ——
好好說話，是一個家庭最寶貴的家風

性格不好，其實就是 EQ 不夠 …………………… 202
認識自我情緒的四種方法………………………… 206
七種方式，讓你不到五分鐘擁有好心情 …………… 210
EQ 高的人，都這樣消化憤怒 …………………… 212
語言是帶情緒的，如何表達很重要………………… 219
道歉了對方還生氣？教你道歉的正確「姿態」 ……… 222
吵架可以，但千萬別說這十句話…………………… 225

Part 1
請「蹲下來」跟孩子說話
—— 高 EQ 溝通術就是先處理情緒,再處理事情

Part 1　請「蹲下來」跟孩子說話
—— 高 EQ 溝通術就是先處理情緒，再處理事情

1～18 歲孩子的成長密碼：愛他，就要懂他

一位著名教育專家說過：「走入孩子的心靈世界中去，你會發現那是一個廣闊而又迷人的新天地，許多百思不得其解的教育難題都會在那裡找到答案。」但現實生活中，別說是走進孩子的內心，了解孩子的想法，就是走近孩子的身邊，孩子都會表現出十分不耐煩。無數家長為此憂心忡忡，家裡不時充滿吵嚷和斥責聲，「火藥味」愈發濃烈⋯⋯

靜下心來，很多家長都會發現自己有這樣的疑惑：孩子和同學、朋友甚至網友都能侃侃而談，唯獨對父母惜字如金。一旦問得稍微多一些，孩子極有可能會冒出一句話把你嗆得啞口無言。很多家長都有這樣的感慨：不知道孩子在想什麼，明明孩子近在眼前，卻彷彿遠在天邊。這些家長急於想知道孩子的所思所想，但無奈孩子壓根就不開口。

那麼，現在的孩子心裡究竟在想些什麼呢？他們一些行為的動機和根源到底是什麼？我們要如何面對這些孩子的行為？如何才能打開那道與孩子之間的封閉的大門？耶魯大學葛塞爾兒童發展研究所追蹤研究上千名孩子四十多年，繪製出 1～18 歲兒童行為變化與發展地圖，他們的研究成果也許能告訴你答案。

1～2歲的孩子：
「不」字打頭，任性固執，占有欲強

　　這個時期的孩子好奇心非常強，凡事都想去試一試，常常「不」字當頭、亂發脾氣、一意孤行。同時由於年齡還小，不懂得表達，因此出現這些「叛逆」行為也就不足為奇了。這個時候，陪伴是最重要的，要接納孩子，把孩子的很多「壞行為」理解成孩子探索、學習的求知行為。

　　比如：你教孩子搭積木，他完全不理你，不聽也不看，自己悶頭一遍遍地把積木堆高，推倒，再重疊，再推倒。這時，你應該把他的行為理解為，他現在對「造汽車」、「建房子」等積木的常規玩法不感興趣，而對積木倒塌時的現象充滿了好奇，他在思索推與倒之間的關係。

　　對待這麼小的孩子，管教技巧主要是以繞道和引導為主，設法滿足他們的心理需求。安全第一，但是不要告訴孩子「這不許玩」、「那不准碰」……應該把該鎖的東西鎖好，該收的東西收起來，為孩子創造一個安全、舒適的家庭環境，讓孩子的自由天性得到充分的發揮。

　　很多家長都有這樣的體驗：對於一些孩子很喜歡的東西，即便是他們不經常玩或者平時壓根不會看一眼，如果有其他小朋友來到家裡想取來玩耍，孩子也會表現出拒絕，很生氣地說：「這是我的！這是我的！」

Part 1　請「蹲下來」跟孩子說話
——高 EQ 溝通術就是先處理情緒，再處理事情

另外，如果父母正在考慮要一個小弟弟或小妹妹，孩子馬上就會表現出不同意的意思——「我不要弟弟妹妹，他們會搶走我的爸爸、媽媽」。孩子吃飯時把最喜歡的食物往自己碗裡夾，孩子把最喜歡吃的糖果很小心地藏起來，這些都是占有欲的表現。

孩子的占有欲與生俱來，是一種正常心理，父母不必過於著急，也不必強制孩子必須與他人分享，而是應該更多地與孩子溝通，找一些合適的機會引導孩子，讓他懂得分享的快樂。

比如，當小朋友把玩具給他玩了，你就問他：「你拿到玩具開心嗎？」當孩子回答說開心，你就可以對他進一步地引導：「當你把玩具或食物分享給別人，他們也會很開心的。」這樣不厭其煩地講給孩子聽，孩子在做了一次之後，慢慢就會體會到分享的快樂，懂得分享。

另外，父母在和孩子進行溝通時，還應採取接納孩子情緒的方式。比如，對於不喜歡小弟弟、小妹妹的孩子來說，可以這樣跟他交流：「在我看來，你對弟弟妹妹有兩種感受。有的時候，你喜歡自己的弟弟妹妹，因為他的確很可愛；有的時候，你不喜歡他，你希望他走開。」如此一來，孩子就會逐漸地喜歡上自己的弟弟或妹妹。

3～5 歲的孩子：
友善平靜，易於接受也樂於分享

孩子從 3 歲開始，強硬態度逐漸減少，懂得分享，依賴感增強。他開始感受到自己的成長以及能力的提升，情緒快樂而穩定。許多孩子在這個年齡層都有他想像中的朋友，這些朋友有的是人，有的是動物。

4 歲是孩子的語言表達能力飛速提高的一年，經常開口閉口都是「屎尿屁」之類的話。喜新厭舊，充滿了變幻莫測的想像力，開始學會了討價還價。對這個時期的孩子而言，一天中最高興的事情就是在睡前能聽父母講一些小故事。

5 歲孩子開朗而愉悅，懂事了、講理了，這是親子關係最親暱融洽的一年！孩子的意志力逐漸增強，開始體驗自己與別人的關係。與此同時，5 歲的孩子自然而然變得懂規矩、有節制了，他喜歡遵守既定的規則、限制，讓每一位當媽媽的都感到格外貼心。更有趣的是，戀母情結也會在這個時候出現。

6～9 歲的孩子：
沉靜而敏感，情緒不穩定，獨立且執著

6 歲的孩子，是一個小小的矛盾體，能同時在「很乖」和「很叛逆」兩個極端遊走。處於很容易受到傷害的敏感期，自尊心

強，爭強好勝，無法面對失敗。「別人的東西不可以拿」的觀念還沒有形成，因此順手拿走自己喜歡的東西是慣常現象。

7歲是孩子形成自信心的關鍵期，他非常敏感，開始在意別人的評價，以及自己在家庭中的地位和價值。情緒不穩定，容易衝動，自制力不強。父母要隨時關注孩子心態的變化，多鼓勵肯定孩子。

8歲的孩子外向而活躍，渴望別人的認可和誇獎，對別人的批評非常敏感，很容易受傷。從情感上來說，是最需要媽媽的階段，他非常需要媽媽分享他的思考、幻想、對話和遊戲。所以，建議媽媽盡量多抽出點時間來陪伴孩子。

9歲的孩子開始慢慢擺脫對媽媽的依戀，更加獨立，做事也更認真、更有規劃。這個年齡層的孩子開始排斥異性，因為身體開始出現一些青春期早期的生理變化，比如女孩乳房開始發育，男孩開始長出陰毛，孩子在潛意識裡不願意讓他人發現自己身體的變化，所以，更重視兄弟情誼或者閨蜜之情，而對於異性小朋友表現出強烈的鄙夷。

10～12歲的孩子：懂事了，可以自得其樂

10歲的孩子善良、平和，愛父母、愛長輩，但是依然排斥異性。他們開始有自己的小小生活圈，有自己的朋友，不再像

小時候一樣黏著家長。

11歲的孩子逐漸擺脫兒童的影子,進入成人的世界。獨立意識增強,出現叛逆的苗頭,喜歡和父母唱反調。但是在外面,他們是一個彬彬有禮、開朗樂觀的孩子。

12歲的孩子自信獨立、陽光沉穩、善解人意,這是一個讓人安心的年齡。異性之間不再互相排斥,同時興趣廣泛,偏愛集體活動。

13～15歲的孩子:
情竇初開,有了自己的祕密,喜歡玩遊戲

這個年齡層的孩子正處於第二性徵發育的階段,不管是男生還是女生,身體都發生了許多引人注目的變化。他們對自己有了一個更清楚的認知,喜歡獨處,也喜歡交朋友,願意讓自己的生活變得充實。他們不會什麼事情都跟父母說,開始有自己的小祕密,也有了自己喜歡的異性。再加上學業的壓力,很多孩子容易產生叛逆心理,頂撞父母和老師。

這時候,家長首先要做到幫助孩子正視身體的發育,接受身體出現的新變化。其次,家長要跟老師多交流。這個階段的孩子性格正在逐漸成形,有自己獨有的祕密,要想做到不讓孩子煩還能了解孩子的學習情況,最好的方法就是跟老師多溝通,透過這個途徑也可以多方面地關注孩子的成長。再次,孩子喜

歡玩遊戲，家長不應該全部禁止，而是要給孩子機會，讓他學會自己控制玩遊戲的時間。如果孩子的自我約束能力不強，則應該幫助孩子設定遊戲的時間。最後，家長不要給孩子施加過重的學習壓力，教孩子認真對待每一次成績的升降，一起總結成功的經驗與失敗的教訓。多和孩子交流，這樣才能更好地幫助孩子成長。

16～18歲的孩子：
考試焦慮症很常見，容易患得患失

這個階段的孩子性格基本成型，有了自己對這個世界的看法，知道自己的目標，並且懂得為了目標而奮鬥。此時孩子的生活主要是以讀書為主，因此日常生活中遇到的問題也多是跟學習相關。

由於學業壓力過大，很多孩子容易產生考試焦慮症，對成績排名過度關注，在生活中也患得患失。因此，家長應該幫助孩子形成正確的考試心態，確立合適的目標，尊重他的選擇，不給孩子施加過大的壓力。只有這樣，孩子才能更好地面對學業與生活。

愛孩子，就先去了解孩子。家長和孩子完全是不同的個體，不能用我們的感受代替孩子的感受。不同年齡階段的孩子都有不同的想法，家長不能想當然地去應對。了解孩子的成長

歷程、發展規律，身為父母才會不僅心安，而且得法。

要想讓孩子告訴你他的心中所想，必須讓孩子信任你。跟孩子相處時，應該主動營造一種輕鬆愉快的氣氛。交流時一定要用信任、親切的眼光注視著他，讓孩子知道你在認真地跟他溝通。孩子覺得家長很重視他，就會變得主動起來，願意和家長談論自己的事情。千萬不要表現出漫不經心的樣子，那樣的話，孩子的內心會很沮喪，也就不願意再和父母敞開心扉了。

當孩子哭了，你的第一句話決定孩子性格

一個深冬的早晨，在一個猶太社區中心健身房的走廊裡，有個2歲左右的小男孩突然大發脾氣。他先是一下子趴到地下，緊接著是躺在地上滾來滾去，大聲地哭起來。周圍人來人往，而這個小男孩依舊任性地躺在地上不起來，哭叫聲越來越大。

小男孩的母親就在他身旁，一句話也不說。她先是放下手裡的包裹，蹲下來，接著又坐下來，後來索性全身趴在地上，使她的頭和兒子的頭成了一個水平線，兩個人的鼻子也碰在了一起。走廊裡的人越來越多，母子二人旁若無人地趴在那裡好久。

最後，小男孩臉上的憤怒表情慢慢消失了，顯露出平靜，哭叫聲變成了耳語。小男孩把哭紅的小臉貼在地板上，母親也同樣把臉靠在地板上。他們就這樣待了兩三分鐘：孩子看著周

Part 1　請「蹲下來」跟孩子說話
——高 EQ 溝通術就是先處理情緒，再處理事情

圍的腿、腳、陌生人看他的目光，母親也跟著一起看。孩子看母親，母親就看孩子。最後，孩子站起來，母親也站起來。母親拿起丟下的包裹，向孩子伸出手，孩子抓住母親的手，兩個人一起走過長長的走廊。

到了停車場，母親打開車門，把孩子放在兒童安全座椅上扣好安全帶，親了一下他的額頭。這個時候孩子的情緒已經變得非常平靜。

在整個過程中，母親一句哄、一句訓也不用，卻將孩子的情緒安撫好了，我們簡直要情不自禁地為這位母親鼓掌。那麼，究竟是什麼力量使母親安撫了這個原本情緒不穩定的孩子呢？是愛和理解的力量！正如一位教育專家所說：「孩子由於發脾氣或發怒而掙扎時，我必須成為他的容器 ── 一個可以容納他的精力和意圖的、由純潔的愛建構成的容器。」

所以，面對孩子的負面情緒 ── 突然爆發的大哭、吵鬧、恐懼、坐立不安等，父母首先要做的就是蹲下來，淡定地、充滿關愛地接納他的感受與情緒，允許情緒的釋放，而不是透過「吼一頓、嚇兩句」或者講大道理安撫來止哭止鬧。

幾個小朋友在公園裡追趕著玩泡泡水，媽媽們在旁邊閒聊。突然，兩個孩子被絆了一跤，同時摔在了地上，泡泡水灑了，孩子不約而同地大哭了起來。

兩位媽媽連忙跑過來。

亮亮媽媽提著亮亮的手臂把他拽起來，訓斥道：「叫你慢點跑、慢點跑，就不聽！沒事，就輕輕摔了一下，沒有出血，有什麼可哭的！那麼多阿姨和小朋友看著呢，丟不丟臉啊你。」亮亮繼續哭，不理睬媽媽。

亮亮媽媽又說：「再哭，媽媽就不喜歡你了。」媽媽露出了嚴厲的表情，亮亮不敢哭了。

另一位媽媽呢？

萌萌媽媽抱住萌萌，說：「這真的是太難過了，泡泡水竟然灑掉了，妳一定很傷心，媽媽抱抱！」萌萌委屈地抱著媽媽大哭，媽媽沒再說話，只是輕拍孩子的肩膀表示安慰。萌萌的哭聲越來越小了。

「萌萌快看，那邊的小野花好漂亮呀，採一朵戴媽媽頭上好不好？」

萌萌立刻停止了哭泣，拉著亮亮一起去採花。

結果會有什麼樣的不同呢？

萌萌採了一朵漂亮的小花送給媽媽，而亮亮的情緒一直很低落，捏著小花不說話，萌萌媽媽問：「亮亮怎麼不去給媽媽戴花呢？」亮亮低著頭不說話，好久才說：「我怕媽媽不喜歡。」

相信大家已經看出來了：情緒經常被接納的孩子，通常性格也會更加平和、開朗、不輕易發怒，與父母的關係也比較親近；而經常被阻止宣洩情緒或者被否定情緒的孩子，通常很難

Part 1　請「蹲下來」跟孩子說話
——高 EQ 溝通術就是先處理情緒，再處理事情

建立真正的自信，他們的內心是壓抑的，有什麼話也不會輕易地對父母開口，親子關係也往往不是那麼親密。

我曾經在一個深受家長歡迎的幼稚園的走廊上看到過這麼一張便利貼，上面寫著：

孩子情緒不好時家長需要做的四步驟：

一、家長要保持合理的情緒控制

二、接納孩子的情緒

三、搞清楚孩子為什麼這樣

四、幫助孩子心情好起來

面對哭泣的萌萌，萌萌媽媽並沒有給予強硬的制止，而是認真履行了這幾條原則：首先處理好自己的情緒，沒有表現出煩躁和排斥；其次接納孩子難過的情緒，把「哭」的權利還給萌萌，等萌萌把不好的情緒透過淚水安全地釋放出去了，再處理問題；最後，幫孩子想個辦法疏導和表達自己的情緒。

其實，當我們能夠站在孩子的角度，去體會他的情緒，並引導他學會管理自己的情緒，孩子的情緒表達就會向良性發展——不會因為無助和受到挫折就大哭大鬧不止，而逐漸會做到遇到問題不驚慌失措，不發脾氣，會嘗試講道理並尋求幫助。只有這樣，孩子才會擁有強大的內在，變得通情達理，從容不迫。

反觀亮亮媽媽，不給孩子表達情緒的機會，先譏諷後恐嚇，這些話給孩子的暗示是：媽媽不喜歡我哭，哭是不好的行為；我不能哭，否則媽媽就不喜歡我了。為了取悅父母，孩子在想哭泣時就會壓抑自己。表面上孩子確實不哭了，但情緒背後真正的根源並沒有得到解決，孩子的內心掩藏了更多的恐懼。

所以，小小的孩子學會了察言觀色、謹小慎微、畏首畏尾，不懂得表達自己的真實情緒。也許他會成為一個聽話的「乖」孩子，但是很遺憾，他也可能是一個缺乏自信、心理壓抑、無法體諒別人情緒的「問題」孩子。

誠然，做父母的都希望孩子永遠幸福快樂，生活中永遠充滿歡聲笑語。但是，哭和笑，都是一個人真實的情感流露。情緒本身沒有好壞，是生理和心理的正常反應。所以，當孩子哭時，我們不要慌張害怕，正確引導就好。但是一定要避免一些錯誤的方式，比如亮亮媽媽的喝斥，再比如下面這個小男孩媽媽的抱怨。

有一次在社區醫院，一個小男孩因為發高燒，要採血樣檢查。但孩子一看到護理師阿姨拿著針頭過來，就開始嗷嗷大哭。

孩子的媽媽感到很難過，因為她也很怕打針，覺得抽血對孩子來說太殘忍了。她一邊皺著眉頭一邊掉著眼淚說：「唉！我可憐的寶寶，真的不公平啊，為什麼你們班偏偏就你生病發高燒呢？如果媽媽能代替你生病就好了。」

Part 1　請「蹲下來」跟孩子說話
──高 EQ 溝通術就是先處理情緒，再處理事情

孩子一聽，哭得更厲害了，牢牢地抓住媽媽的衣服不放手。看到孩子和媽媽一起哭成淚人，護理師和醫生也是無可奈何。

其實，看著護理師手裡寒光閃閃的針頭，別說孩子害怕了，連有些大人看了可能都會直打哆嗦。這個時候，媽媽的態度和話語對於孩子能否從容地面對針頭來說至關重要。加拿大約克大學的一項心理學研究顯示，小孩看見針頭就哭不單是怕痛，也因為多數家長對打針表現出的「不淡定」，感染和影響到了孩子。

看到孩子的痛苦和恐懼，如果媽媽能蹲下來，視線和孩子處在一個水平面上，明確告訴他，為何要打針，會產生怎樣的疼痛，相信孩子的恐懼感就會減少一些。比如，媽媽可以平靜地跟孩子說：「寶寶生病了，打了針就會好，就疼一小會兒，然後就沒事了。相信寶寶可以的！」

當然，孩子可能還是會有點不情願，但他看到媽媽的平靜和理解，就會從中獲得勇氣，從而伸出自己的小手臂。有了這樣的經驗，他會一次比一次勇敢。長此以往，就能培養出孩子積極向上的情感能力。用比較前衛的語言來說，就是能把孩子培養成一個 EQ 很高的人。

否認感受：有一種冷叫媽媽覺得你冷

媽媽：寶寶，冷嗎？

孩子：媽媽，我不冷。

媽媽：手都是涼的，怎麼會不冷？穿上毛衣！

孩子：不，我熱。

媽媽：我說過了「穿上毛衣！」

孩子：不，我熱。

這就是網路上曾經流行的一個段子「有一種冷叫媽媽覺得你冷」的真實寫照。父母用自己的感覺代替孩子的感覺，用自己的想法壓制孩子的想法。對於孩子來說，他們只感覺到了控制，而不是愛。

這讓我想起了美國著名作家派翠西亞‧埃文斯在《不要用愛控制我》一書中提到的一個類似的例子：

有一天，我和朋友正在一家咖啡館喝咖啡。一位女士貝蒂和她的女兒蘇茜，一起走了進來。女兒7歲左右。

她們看著玻璃櫃檯下的各種冰淇淋。

「妳要哪種冰淇淋？」貝蒂問女兒。

「我想要香草的。」蘇茜說。

「有巧克力的。」媽媽說。

Part 1　請「蹲下來」跟孩子說話
　　──高 EQ 溝通術就是先處理情緒，再處理事情

「不，我要香草的。」
「我覺得巧克力的更好一點。」
「不，我就要香草的。」
「妳不應該要香草的。我知道妳喜歡巧克力的東西。」
「我現在就想吃香草的。」
「妳怎麼這麼固執，真夠怪的。」

在這段對話中，媽媽一直試圖否認女兒的感受、女兒的判斷，而試圖將她自己的判斷強加在女兒頭上。她這樣做，無疑是在告訴女兒，妳內心的想法、妳自己的選擇、妳自己的判斷，全部是錯的。她所謂「固執」的意思是：妳不知道妳的感受，我才知道，但妳居然不承認。

當孩子的情緒和感受被不斷地否定和忽略後，他們就會感到困惑和憤怒，心裡會認為：父母不能理解我，對我的感受不重視。慢慢地，孩子就學會了隱藏自己真實的情緒和感受，跟父母的交流越來越少。結果就是，父母與孩子之間的距離越來越遠，親子關係品質逐漸下降。

其實，孩子的心聲很簡單，當他們跟父母說「壓力大、難受、痛苦、累」等感受的時候，最不想聽到的就是否定、大道理、說教，那樣只能讓他們感覺更差。如果有人能真正願意傾聽，帶著愛和理解認同他們內心的傷痛或煩惱，他們就會感覺沒那麼鬱悶和困惑，也更能處理好自己的情緒和面臨的問題。

讓孩子知道父母理解他、認同他的感受很重要，但如果只是簡單地說一句「我了解你的感受」，並不會真正得到孩子的認同。他們會說：「不，其實你根本就不了解。」如果家長可以試著把孩子的感受表達得更加細化一些，效果就不一樣了。

比如：孩子要上小學了，有些不樂意，家長說「我知道你不願意去上學」，這樣的說法通常並不會得到孩子的認同。如果把問題細化：「剛入學的這段時間，肯定是有些緊張的，有很多新東西需要去學習、去適應。」孩子就會覺得家長是真正理解他的。

對此，親子溝通專家伊萊恩・瑪茲麗施結合大量真實案例，為我們總結出四個非常實用的幫助家長面對孩子感受的技巧：

・全神貫注地傾聽
・用「哦」、「嗯」、「這樣啊」來回應他們的感受
・說出他們的感受
・用幻想的方式實現他們的感受

我們在傾聽孩子說話、了解孩子的感受時，不要嘴上說在聽，眼睛卻盯著別處，手裡也在忙著其他事，而是要全神貫注，以關心的態度，認真傾聽孩子情緒的宣洩，用簡單的話語或「嗯、哦、啊」這樣的詞來回應，認真體會並說出他們的感受，讓孩子真正地感覺到有人能理解他們。

Part 1　請「蹲下來」跟孩子說話
　　──高 EQ 溝通術就是先處理情緒，再處理事情

　　特別是當孩子想要一樣我們沒有的東西時，比如孩子說「我好想吃冰淇淋，現在就想吃」，通常父母基於邏輯的解釋「家裡沒有了，寶貝，喝點優酪乳吧」並不管用。這個時候，第四個技巧就具備了相當顯著的安撫作用，「真希望媽媽能用魔法把優酪乳變成冰淇淋」，你會發現，孩子對某種東西的渴望心情一旦得到理解，他們就能比較容易接受現實，「那我就喝點優酪乳吧」。

　　理解和接納孩子的感受，是有效親子溝通的前提。家長們要做的就是：感受孩子的感受，理解孩子的感受，接納孩子的感受。只要我們真正與孩子共情，就會打動他們的內心。

能陪著孩子「難過」的父母，是最好的父母

　　「所謂接納孩子，就是讓孩子感受到你的愛是完整的，而不是你只喜歡他的某些方面。你願意傾聽他的內心，理解他的情緒和感受，他不會擔心被你拒絕和否定。」一位兒童心理專家告訴我們，「接納是建立親子關係的第一步，然後才有真正的教養。」

　　對於孩子來說，帶著「愛」和「理解」，接納孩子的情緒，認同孩子的感受，就是最有效的管教。如果家長不去理解孩子的行為，否定孩子的感受，只會胡亂哄哄或者訓話，那麼不管我們的態度有多好，也解不開孩子的心結，甚至還會使孩子沉浸

能陪著孩子「難過」的父母，是最好的父母

其中，更加難過。

女兒：「我的小海龜今天早上死了。」

媽媽：「別難過，寶貝。」

女兒開始哭泣。

媽媽：「別哭了，不就是隻小海龜嗎？」

女兒哇的一聲大哭起來。

媽媽：「別哭了，我再買一隻給妳。」

女兒（趴在地上嚎啕大哭）：「我就要這隻小海龜。」

媽媽（生氣地）：「妳真是無理取鬧！」

「為什麼孩子會因為一點點小事情就哭個不停？完全不可理喻。」相信很多家長都被這個問題困擾過，但卻從不去反思是不是自己的溝通方式有問題。

真的再買一隻就好了嗎？孩子心愛的小海龜死掉了，她的心情你真的理解嗎？在教育界有一句特別著名的話：「只有我們自己才最了解我們的情緒，孩子也不例外。」很多父母只看到東西失去了，買新的就好。可是孩子內心跟這個物品早就建立了聯結，父母這樣做，只會讓孩子傷心。

通常，當孩子因為某種原因感到傷心難過的時候，家長總是會高估自己的「聰明」，會第一時間用成人的智慧去勸慰孩子擺脫難受的心情：

Part 1　請「蹲下來」跟孩子說話
　　——高 EQ 溝通術就是先處理情緒，再處理事情

　　玩具丟了──「這沒什麼大不了的，媽媽再買一個給你」；

　　積木倒了──「別哭，爸爸幫你再搭一個」；

　　好朋友搬家了──「沒事的，你還會交到新朋友的」；

　　……

　　孩子常常會因為父母不能體會自己的痛苦、不能理解自己，而只能用憤怒或者大哭來發洩自己的難受情緒。

　　國際著名親子溝通專家阿黛爾‧法伯明確指出，你越能坦然地接受孩子不愉快的感受，孩子越容易擺脫煩惱。這個時候，以「說出孩子的感受代替否定孩子的感受」的方式回應孩子，效果會更好。因為當孩子的情緒被看到的時候，就會像河水找到出口，慢慢平息下來。

　　女兒：「我的小海龜今天早上死了。」

　　媽媽：「哦，是嗎？真沒想到。」

　　女兒（難過地）：「我還教牠玩遊戲。」

　　媽媽：「嗯，你們在一起很開心。」

　　女兒：「牠是我的好朋友。」

　　媽媽：「失去朋友的確很難過。」

　　女兒：「我每天都有餵食牠。」

　　媽媽：「妳真的很關心那隻小海龜。」

　　說完後，孩子已經沒事，去玩自己的了。

能陪著孩子「難過」的父母，是最好的父母

「理解和接受是一種無形的力量，會將人從沮喪中挽救出來。」西方一位哲學家的話可以說是對此最好的注釋。如果能夠站在孩子的身邊，對孩子感同身受，那麼對孩子來說，該是多麼好的事情。

當孩子與好朋友或心愛的寵物分離時，他細膩的小心靈會難過半天。如果父母只是一味地告訴他「沒關係，堅強一點」、「這沒什麼好難過的」等否定他心情的話，孩子就會越發難過——為什麼最愛我的爸爸媽媽，也不懂我？

如果父母試著看到孩子的情緒，表達對其情緒的理解，和孩子共情，比如回饋給他：「妳的小海龜死了，心裡一定很難過。如果換成是媽媽，我也會覺得很傷心的。」最終效果，你也看到了，孩子已經釋懷，自己去玩了。

有些父母可能會擔心，說出孩子的感受會讓孩子更難過。其實相反，說出孩子的感受可以讓孩子感覺到情緒是自然而然發生的，心裡反而會感到安慰，因為有人理解他們！得到安慰的孩子，痛苦有所緩解，也就更容易接受已然發生的不愉快的事實。

當一個孩子跟媽媽抱怨「要複習的功課好多啊，我都擔心自己期末考試考不好了」時，比起媽媽溫柔地回應道「考不好沒有關係啊，成績不是最重要的」來說，不如改為更有同理心的「如果考不好，你一定很難過，現在是不是有點煩，要不要說說你的苦惱？」相信孩子的心情一定會好許多，也會繼續把心事對媽媽說出來。

Part 1　請「蹲下來」跟孩子說話
──高 EQ 溝通術就是先處理情緒，再處理事情

　　所以，在孩子生氣的時候、傷心的時候、高興的時候、受了委屈之後，適當地說出孩子的感受，就是對孩子的一種尊重和肯定。尤其是處在敏感期的孩子，切忌不能和他硬碰硬。當你真正做到了與孩子產生共情，孩子心裡就會覺得父母理解自己而感到欣慰，就有力量去面對自己的問題。記住，孩子需要的不是安慰，不是道理，只是別人能理解自己的感受。

有「聽話」的父母，是什麼樣的體驗

　　剛上一年級的兒子小虎嘟著小嘴，一臉不高興地回到家裡。「媽媽，我的老師真壞！」

　　媽媽停下手裡的工作，俯下身子，握著小虎的小手：「哦，聽起來你好像對你的老師有意見？」

　　「她把我的新鉛筆盒沒收了！」

　　「噢，老師沒收了你的新鉛筆盒。你很喜歡你的新鉛筆盒，被沒收了，一定很心疼吧？」

　　「當然啦！那是爸爸送給我的生日禮物，我最喜歡了。」

　　「是呀，換作是我，我也會心疼的！」

　　「不就是上課的時候多玩了一會兒嗎？有什麼大不了的！」他憤憤不平地說。

「你覺得上課玩玩鉛筆盒沒什麼,不會對自己造成任何影響。老師這麼做,你認為有點小題大做,心裡很委屈?」

「也不是,」小虎有點語塞,「也會有點影響到我,今天的課就聽不太清楚……」他的聲音有點發虛,臉開始發紅。

「噢,其實多少還是會有影響的?」

「嗯。」他的頭慢慢低下去。

媽媽摸摸他的頭:「我看到你好像有點後悔?」

「是。」

「你希望你沒有在課上擺弄你的鉛筆盒?」

他用力地點點頭,眼裡已閃出了淚光。

媽媽一把把他攬進懷裡:「你覺得老師為什麼要沒收你的鉛筆盒?」

「想讓我好好聽課。」

「那你覺得老師還壞嗎?」

「不壞,是為了我好。」

「寶貝能理解老師的苦心了。那你覺得老師在沒收你的鉛筆盒時,心裡是怎麼樣的?」

「老師很生氣。因為我做小動作,聽課不專心。」

「你覺得你可以對老師做些什麼呢?」小虎低頭沉默。終於,他下定了決心。「道歉!」

「勇於承認自己的錯誤,是個男子漢!」媽媽拍拍他的肩。

Part 1　請「蹲下來」跟孩子說話
　　──高 EQ 溝通術就是先處理情緒，再處理事情

「那麼你覺得以後怎麼才能避免這樣的事情發生？」

「上課不做小動作，認真聽講！」他的語調也變歡快了。

「媽媽相信你能做到！」

　　我們驚訝地發現：小虎媽媽只是關注小虎的情緒、回應他的感受，並沒有提任何問題，小虎竟然把事情的原委都告訴了她。可以說，從開始的「憤憤不平」到「後悔自責」、「勇於認錯」，再到明確以後的行為方向，小虎身上的這一系列積極正面的轉變，都是與小虎媽媽的積極傾聽分不開的。

　　父母總是喜歡跟孩子說：你要聽話啊！但是，很少會去反思，自己是不是「聽話」的父母。

　　孩子有情緒時，需要表達發洩出來。高 EQ 的父母都懂得，只做個不帶任何評判情緒的傾聽者，支持孩子說得更多就好了。比如：「可以跟媽媽講講為什麼哭嗎？」「可以說說發生什麼事了嗎？」「嗯，接下來呢？」

　　積極傾聽孩子說話的父母，傳達給孩子的潛臺詞是：「你有權利表達自己的情緒」、「你的觀點和想法是有價值的」、「我對你說的很感興趣」、「我不打算評價，不打算說教」、「我有足夠的耐心聽你表達自己的想法和感受」。

　　那麼，父母如何做到積極傾聽呢？

首先,「停下來」

當你在廚房忙著做飯炒菜的時候,當你在專心致志地打遊戲的時候,如果孩子突然跑過來問你問題,你會不會只是漫不經心地聽,然後給出一個模糊的答案;有時甚至會打斷他,趕著他去幫你收拾桌子準備吃飯,或者去打開電視看會兒卡通。

你從未想過要停下來,專心聽他說,或許你打算飯後或者遊戲結束後好好聽孩子說,可是飯後或者遊戲結束後的你說不定又會忙著洗碗、看電視,一樣不能專心聽他說。時間長了,次數多了,猜想孩子就再也不找你說了。

所以,當孩子興致勃勃地向你奔來,迫不及待地想跟你交流時,請暫時停止手上的事情,認真看著孩子的眼睛,耐心傾聽,好好享受親子溝通的美好時光,這才是跟孩子的正確相處之道。

其次,「用心聽」

當孩子與父母分享情緒感受時,如果父母嘴上說在聽,其實心不在焉,會讓孩子感到很氣餒,認為自己既不可愛,也沒人愛。

與孩子交流時,父母的肢體語言很重要。適當的肢體語言,會讓孩子覺得你重視他、認真想要和他聊天。所以,如果孩子還小,那就蹲下來;如果是個大孩子,那就拉著他的手坐下來。

Part 1　請「蹲下來」跟孩子說話
　　　──高 EQ 溝通術就是先處理情緒，再處理事情

總之，盡量以平行的目光注視著孩子，保持朋友般的傾聽。

此外，大部分的孩子都喜歡親密的接觸：偶爾握握他的手、摸摸他的頭、摟摟他的肩等來表示對他說話內容的關注與理解，配合適當的提問：「然後呢」、「怎麼回事」，鼓勵孩子繼續說下去，都會在溝通時產生非常正面的效果。

孩子對於肢體語言很敏感，父母一邊盯著手機一邊敷衍地說著「嗯」、「哦」、「喔」或者背對著他說話，都不是鼓勵他好好和你說話的方式。因為這些行為可能令孩子認為你不關心他，對他所說的一切沒有興趣，從而影響溝通的效率。

積極傾聽能疏導孩子的情緒，培養孩子獨立解決問題的能力和責任感，同時也有利於父母了解孩子的內心，體會孩子的情感，與孩子成功互動。各位家長不妨試上一試，看看所謂的「利器」如何。

別讓「關心」用錯了地方

孩子從出生到長大，爸爸媽媽對他從不缺少愛。我們當然知道所有的母愛都是濃烈的、真摯的，但你是否想過，如果你「愛錯」了或「愛過」了，孩子會怎樣？

有一位媽媽，出於擔心和愛護，常常在 15 歲的女兒面前嘮

叨：要好好讀書，少與男生來往。有一次，有幾個同學來約女兒一起去幫一個男同學過生日，竟然遭到了媽媽的一頓數落，這使女兒受到了極大的傷害：她覺得在同學面前很沒面子，同學們也不願再跟她來往。她因此怨恨母親：「你們不讓我好過，我也讓你們難受。」她向父母喊叫：「我就是要氣你們！就是不好好讀書！就是要把你們的錢拿去花光！」

　　當然，父母的焦慮和擔心是可以理解的，但只要和孩子好好溝通，孩子肯定是可以理解家長的。可是，例子中的媽媽為自己的孩子操碎了心，卻不顧孩子的感受，粗暴地制止了孩子的行動，這讓孩子內心產生了深深的無助與痛苦，也對媽媽產生了怨恨情緒。父母這種方式的關心，是典型地把力氣用錯了地方，極有可能會妨礙孩子成為自己。

　　試想一下，如果上文中的媽媽換一種做法，告訴孩子：「我知道妳想和同學出去玩，也能體會到妳的感受，可是，妳要記住妳目前的主要任務是讀書，請妳在玩的同時不要忘了功課，可以嗎？」這時候女兒一定能理解媽媽的，準時回家好好讀書的。

　　其實，只要站在孩子的立場上考慮孩子的感受，與孩子的感受產生共鳴，對於孩子自己解決問題是有著莫大的裨益的。

　　陳宇飛是一名國一的學生，每個科目都很優秀，除了體育課。原來身體瘦弱的他特別害怕上體育課，有時候甚至裝病來

Part 1　請「蹲下來」跟孩子說話
　　──高 EQ 溝通術就是先處理情緒，再處理事情

　　逃課。陳宇飛的老師把這個情況告訴了他的爸爸，爸爸決定跟兒子好好談談。

　　晚上下班以後，爸爸走到了宇飛的房間。

　　「兒子，今天你們老師告訴我，你沒有去上體育課。」

　　「爸爸，我不喜歡體育課。」

　　「我知道。」

　　「你知道？」

　　「對，因為爸爸小時候也很討厭上體育課。那時候的我個子比較矮，也比較瘦，體育課上老是被同學們嘲笑。」

　　「那後來呢？爸爸也沒有去上體育課嗎？」

　　「不是，後來的我每次都去。」

　　「為什麼呀？」

　　「因為要勇敢地去面對才是男子漢啊。不能因為害怕就逃避，相反要去克服。你說呢，小男子漢？」

　　「好的，爸爸，我會試著去克服我的害怕，去上體育課的。」

　　「對嘛，這才是男子漢，不要害怕，只要勇敢邁出第一步，就會不一樣的。你看爸爸現在不是很壯嘛。」

　　一顆種子成長為一棵大樹，是一個複雜而微妙的過程。孩子的成長亦然，十五六歲正是這個複雜而微妙的過程中的一個尤其微妙的人生階段。在這個階段，孩子從身高上超過父母，

從心理上超越父母，他們會慢慢地試著自己去解決一些生活或者課業中出現的小問題。如果這種權利被剝奪，得不到尊重，孩子就會以各種行為問題來表達，比如頂撞父母、厭學等。

卡爾·羅傑斯說：「生命的過程就是做自己、成為自己的過程。」高 EQ 父母絕不會冷酷無情地下命令，讓孩子毫無變通的餘地，他們都懂得滿足孩子的情感需求，慢慢地引導孩子成長為勇敢獨立的人。正如一位教育專家所說，要「用心用情不用力」，要看見孩子、心疼孩子。

孩子愛抱怨？先處理情緒，再處理事情

抱怨無處不在，不僅是大人，小孩子也會抱怨。常常，我們會聽到孩子說：

「為什麼姐姐買手鍊，我就沒有，這不公平！」

「公園真沒意思，早知道去動物園就好了。」

「叔叔送我的那輛小汽車一點也不好玩。」

「老師真偏心眼，總幫珞珞梳好看的小辮子。」

「真是煩死了，琪琪媽媽又不讓琪琪來我們家玩。」

……

與人溝通的方式最終會決定我們的人際關係的好壞，而「抱

Part 1　請「蹲下來」跟孩子說話
　　──高 EQ 溝通術就是先處理情緒，再處理事情

怨」是一種令人厭煩的聲音，會很自然地引發各種「不討喜及破壞力」，所以家長應該妥當地對待孩子的抱怨。但是，具體怎樣做好呢？

「有的孩子抱怨，是因為他們真的陷於很沮喪的情緒，需要父母意識到，或者被安慰。」一位育兒顧問解釋說，「孩子也許並不具備透過冷靜、持續性的方式表達情緒的能力，所以他們以自己的常規理解來詮釋，或者用自己已掌握的方式方法，吸引大人們的注意，或表明哪個地方出了錯。」

了解孩子的情緒和每句話的內在語，不是一件容易的事。如果家長不了解孩子的需求，還熱心地為他提供解決方案，可能會讓孩子反感，甚至終止溝通。

　　迪迪放學回到家後，迫不及待地和媽媽分享這一天的感受。
　　迪迪：「當班長太累了，又要兼顧功課，還要維持紀律。」
　　媽媽：「既然不喜歡，就和老師說說不當了。」
　　迪迪：「可是我也很喜歡當班長，它讓我覺得很光榮。」
　　媽媽：「既然你喜歡，那就不要再嚷嚷著說累了。」
　　迪迪（情緒沮喪）：「可是喜歡不代表不累啊！」
　　媽媽（一臉無奈）：「真不知道你到底要說什麼。」
　　此時的迪迪，覺得十分鬱悶，他不願意繼續跟媽媽交談，因為這樣的談話無趣極了。

為人父母，如果知道「同理心」這三個字，我想，親子關係應該就會更加親密。簡單來說，同理心是感覺進去，好像穿著別人的鞋子站一會兒，也就是體念他人的感受。這是一個真正傾聽、了解並對他人感覺發生共鳴的過程。

如果迪迪的媽媽採取同理心去回應迪迪的抱怨，效果會有什麼不同呢？

迪迪：「當班長太累了，又要兼顧功課，還要維持紀律。」

媽媽：「你今天好像很累。」

迪迪：「是啊，當班長讓我覺得很光榮，卻也讓我總覺得有壓力。」

媽媽：「嗯，我明白你的感受，我也曾經有過這樣的情況。」

迪迪：「我該怎麼做才好呢？」

媽媽：「這讓你很頭痛，是嗎？」

迪迪：「是啊。」

媽媽：「但媽媽相信你一定能處理好的。來，媽媽給一個鼓勵的抱抱。」

迪迪：「謝謝妳，媽媽！我覺得舒服多了。」

心理學家琳恩‧詹金斯表示，惻隱之心與理解，是減少孩子抱怨的很好方式。迪迪繼續這樣不停地講著，很興奮。他喜歡和媽媽說話，因為媽媽願意當他的聽眾。在迪迪抱怨的時

Part 1　請「蹲下來」跟孩子說話
——高 EQ 溝通術就是先處理情緒，再處理事情

候，媽媽沒有反駁，只是認真地傾聽，「這讓你很頭痛，是嗎？」迪迪心裡的不好受得到了媽媽的理解，自然就釋然了，不再糾結了。

如果孩子明白父母是自己「情感安全」的港灣，那麼當他們遇到焦慮、擔憂的事情時，會本能地信賴父母。所以，詹金斯博士建議，家長需要有意識地選擇透過換位思考及移情心理的思考模式來考量孩子的言行。

當然，這並不是說，家長可以對孩子袖手旁觀，只要聽他過來抱怨抱怨就 OK 的。作為父母，你要始終牢記自己是孩子的引導者，要鼓勵孩子多從樂觀的角度想問題，看向事情的積極方面，尋求可以從抱怨中跳脫出來的解決方案。

爸爸媽媽早就和佳佳說好，星期天要去動物園玩。佳佳很期盼。可是從星期六開始就一直下雨。佳佳不停地問媽媽：「明天會放晴嗎？」

星期天早上，佳佳一睜開眼就問媽媽：「媽媽，雨停了嗎？今天能去玩嗎？」

媽媽說：「雨還下著，今天不能去動物園了。」

佳佳悶悶不樂地說：「真討厭，我討厭下雨。」

媽媽說：「雖然不能去動物園，但是我們想想下雨天有沒有好玩的呢？」

佳佳想了想，說：「我想穿著雨衣、雨鞋去踩水。」

「好呀，那我們快起床，吃飯，然後去踩水。」

雖然沒有去成動物園，但是佳佳也玩得很開心。

愛抱怨的孩子往往只看到事情的消極方面，很容易被痛苦、委屈、受傷等情緒困擾，就像佳佳覺得下雨不能去動物園，就覺得很生氣，開始抱怨了，「討厭下雨，下雨不好玩」。但是，在媽媽的引導下，發現下雨天也有很多樂趣，比如跳水坑、找蝸牛等，同樣能玩得很快樂。

孩子開始抱怨，肯定是有原因的，所以，我們一定要仔細傾聽孩子抱怨的事情，分析其中的緣由，耐心地引導孩子學會積極地看待人和事。這樣，他們才能學會以陽光的心態，樂觀地面對生活。

當孩子說「打阿姨」時⋯⋯

由於孩子的語言表達能力和思維能力不像成年人那樣完善，他們的表達和思維都是簡單化的，所以有時候會很模糊，有時候會很委婉，有時候也會很矛盾。但是，不管是哪種表達方式，都需要父母用心去聽，領會孩子傳遞出來的資訊。

孩子對於一件事物的喜歡或者不喜歡，幾乎都是出於自己真實的情感需求，而不管是否符合成人所謂的道德體系。他們

Part 1　請「蹲下來」跟孩子說話
——高 EQ 溝通術就是先處理情緒，再處理事情

偶爾會說「討厭父母」，可能只是因為父母忘記了答應過他們週末一起去遊樂園。所以，不能用成人的道德要求去評斷孩子的情緒感受，而是要「無條件地接納」孩子的情感，了解這種在成人看來不能接納的情感背後隱藏著他們怎樣的心理需求。

多多的爸爸媽媽是上班族，工作比較忙。所以，從多多 2 個月大開始，他們就僱了一個保母來照看多多。對於這位保母阿姨，多多在不會說話的時候很喜歡、很信賴，可是從 13 個月會說話開始，每到早上媽媽要去上班，多多就嚷嚷著「打阿姨，打阿姨」。這種情況前後持續了一年多的時間。在這期間，多多媽媽變換了各種方法與多多進行溝通。

■ 第一階段：強烈譴責

多多嚷嚷：「打阿姨，打阿姨。」

媽媽訓斥：「不能這麼說，打人是壞孩子！」

多多繼續嚷嚷：「就打，就打。」保母阿姨臉色很不好看。

■ 第二階段：說服教育

多多嚷嚷：「打阿姨，打阿姨。」

媽媽說道：「阿姨像媽媽一樣愛你，你怎麼能打阿姨呢？」

多多繼續嚷嚷：「就打，就打。」

保母阿姨臉色很不好看。

第三階段：不聞不問

多多嚷嚷：「打阿姨，打阿姨。」

媽媽就像沒有聽到一樣，根本不理多多。

多多的反應更加激烈：「打，打。」並且揮動小手。

保母阿姨非常生氣。

第四階段：變換思路

多多媽媽開始思考：孩子為什麼要無緣無故地打阿姨呢？

多多嚷嚷：「打阿姨，打阿姨。」

媽媽問道：「多多是想讓媽媽陪你，阿姨去上班，對嗎？」

多多點頭。

媽媽說道：「如果多多這樣想，要說出來，媽媽才知道哦。」

多多一下子撲到媽媽懷裡。

媽媽說道：「那媽媽以後每天都多陪你一會兒再走，好不好？」

多多不鬧了。

即便是在成人世界中，我們也會用「氣死我了」、「我想揍他」這樣的粗暴言語來表達感情，那麼為什麼就不能容許一個孩子這樣表達呢？畢竟，孩子所懂得的語言並不多，當然，對於這種粗暴的語言背後的情緒，父母就得做到及時疏導，而不是要堵住孩子發洩情緒的途徑。

Part 1　請「蹲下來」跟孩子說話
　　——高 EQ 溝通術就是先處理情緒，再處理事情

　　所謂「無條件地接納」，是指尊重孩子的身心發展規律，根據孩子所處的發展階段接納孩子當下的狀態，不過多地對孩子的行為進行評價，不輕易給孩子「貼標籤」，不批評和責備。

　　孩子的情緒，時時刻刻都在傳遞著資訊，但是很多家長察覺不到。作為家長，往往會自以為是地推理一番，粗暴地教育一番，然後就把孩子打發掉了。其實，孩子的任何想法、任何選擇都是有理由的，只可惜很少有家長願意聆聽他們的想法，或者說有的父母即使聽了，也很少會進一步深究孩子的內心需求。

　　「今天晚上我們一起睡吧。」朵朵央求著媽媽。

　　「怎麼了，妳的床不舒服嗎？不是剛幫妳換新床單嗎？」媽媽不解地問道。

　　「我就是想和媽媽一起睡。」朵朵小聲嘟囔著。

　　「妳現在都 5 歲了，已經是個小姐姐了，怎麼還這麼不獨立，要和媽媽一起睡呢？」媽媽在那裡諄諄教誨。

　　朵朵聽完，什麼也沒說，噘著小嘴自己進房間了。

　　長期單獨睡覺的朵朵，突然說想和父母一起睡覺了，也許是因為她感到最近幾天自己不被重視，或許是因為當天發生了什麼讓她害怕的事情……這些可能的心理情緒和訊號，就需要父母靜下心來，走進孩子的內心深入，了解孩子的內心感受，做出合理的心理疏導。可以說，這是作為家長的必修課。

相信孩子內在有一個「需求」，而不是無理取鬧

「棒棒糖掉了，我要吃！」

「你這孩子，自己沒拿好，掉了還哭！好了好了，等等再買一根給你。」

「不要不要，我就要這一根！」

「你這孩子還講不講理？這麼髒的棒棒糖還能吃嗎？」

其實孩子不是非要吃到這根棒棒糖，哭只是他當下情緒的宣洩。我們之所以會認為孩子「無理取鬧」，只是因為我們缺乏同理心，不懂得共情。如果我們認同孩子的情緒，把他的傷心當回事，讓他哭一會兒，等情緒穩定之後再詢問他的意見，就不會迎來他的無理取鬧了。

在生活中，當孩子有情緒的時候，很容易被發現，而難以發現的是情緒後面的「因」。正是這個「因」，需要家長深入地去覺察。如果我們能幫助孩子一起探尋情緒背後隱藏的深層原因，就能更加理解和包容孩子的情緒，找出孩子的動機和需求，引導孩子走出情緒困境。

下面是一位網友就自己兒子的無理哭鬧諮詢育兒專家，他們之間的一段對話：

Part 1　請「蹲下來」跟孩子說話
　　──高 EQ 溝通術就是先處理情緒，再處理事情

　　網友：「今天早上，孩子 7 點起床，先玩後吃東西，拖到 8 點 30 分終於下了樓。走出大樓門口，突然說要坐爸爸車。就算我告訴他爸爸車已經被爸爸開走了也不管用，陪著他繞樓找了一圈，沒有，但還要找。我有點急了，強行把他抱到車上。孩子大鬧，路上一直喊著要回家。到了幼稚園門口，我又陪他在車裡聊了會兒，見他心情好了點，我說下車進教室吧，他又開始哭，一直喊著回家拿東西吃。已經快 9 點了，我強行把他抱進了班上，大概哭了五分鐘才安靜下來。老師，我不知道在這個過程中我的做法是不是有問題。」

　　專家：「他不相信爸爸的車確實被爸爸開走了嗎？」

　　網友：「他應該是知道的，我覺得他只是想找個理由拖。就像最後到幼稚園門口了，又說要回家拿東西吃。」

　　專家：「哦，那妳有沒有這樣問問他？」

　　網友：「沒有。」

　　專家：「妳一直是在跟孩子的藉口抗爭，而沒有點明你們之間的根本矛盾，或者說，沒有讓孩子說明他自己的真實意圖。」

　　網友：「嗯，沒有說明。所以，您認為我今天早上的問題在於沒有點到本質，是嗎？」

　　專家：「嗯。為什麼共情會對緩解負面情緒有很好的效果？很多時候，因為是無名火，所以情緒才大。如果我們有能力看清自己的需求，內在需求是層層深入的，看得越深，對自己情緒的掌控能力就越強。所以，幫助孩子說出他的內在需求，對

相信孩子內在有一個「需求」,而不是無理取鬧

於他了解自己的情緒、掌控自己的情緒,是非常有幫助的。」

網友:「嗯,我當時用的共情是:壯壯想要坐爸爸車。」

專家:「那個是表面的,妳也看出來了,這只是他找的藉口,另有其他原因。但是,作為孩子,他可能沒有很清楚地意識到,自己是另有原因的。他找種種藉口是為了拖延,但拖延也是有原因的。之所以如此,是不是因為不想去幼稚園?或者想跟媽媽多待一會兒?我想,在這方面產生共情,可能效果會更好。我們要盡量減少在藉口上浪費時間,盡快幫孩子面對情緒的主題。成人反省處理自己的情緒,也是如此。」

網友:「對,想和我玩,沒玩夠。可是我覺得他已經玩了很長時間了呀。」

專家:「可能孩子就希望整天都這樣玩,根本不想去幼稚園。下次妳可以問問孩子。」

網友:「他肯定是想就這麼玩。」

專家:「那就幫孩子把這個願望表達出來。我剛剛想到一種可能的情況,如果父母比較急躁,帶有批評性地問孩子:『你一會兒這樣一會兒那樣是不是存心想拖延?』孩子很可能會不承認。只有父母真正是想理解孩子,完全出於關切,提示性地問:『你是不是想繼續玩,不去幼稚園?』幫助孩子說出自己的願望,才能啟發孩子認識自己的情緒,才是情緒教育。」

壯壯想坐爸爸車嗎?壯壯想回家吃東西嗎?可能真的都能解釋孩子「拖拉」這個行為,但是這個行為的背後,孩子「不想

045

Part 1　請「蹲下來」跟孩子說話
——高 EQ 溝通術就是先處理情緒，再處理事情

去幼稚園」的原因，孩子「想和媽媽玩」的這個心理需求，沒有人看到，也沒有人關心。

實際上，情緒沒有對錯，也沒有好壞，只是人之常情。孩子的每一個父母不能接納的情緒背後都有可以理解的原因，都代表著一個強烈的心理需求！

因為年齡太小，例子中的壯壯並不能主動地、直接地、準確地表達出自己「想和媽媽玩」的這個情感需求。這個時候，他就會用其他的方式，比如坐爸爸車來發洩自己的需求或者說轉移自己的注意力。

所以，在父母一方面耐心教導孩子的同時，也需要了解孩子無理取鬧行為的背後也是存在需求的。顯然，在這個例子裡，壯壯媽媽疏忽了這一點，也就錯過了一次妥當處理孩子情緒以及深入了解孩子內心的機會。

所以，提醒我們的各位家長，情緒的原因有多種層次，一定要透過孩子的行為，洞見他們情緒背後更深層次的心理需求，並準確地說出來，這非常重要。一旦孩子在父母的幫助下，理清了思路，清楚地知道自己正在經歷什麼樣的感受，便會激發和提升他自我修復負面情緒的能力。

當孩子「出格」時，先別急著罵孩子

每個孩子都有自己的心聲，作為家長，一定要耐心傾聽，才能真正了解孩子的想法和感受，做好親子之間的溝通，建立和諧的親子關係。

當孩子在說話時，無論家長有多忙，一定要用眼睛看著孩子，不要隨意插嘴，盡量傳達出聽得很有興趣的資訊。如果家長在某一重要原則上表示不同意孩子的看法，應告訴孩子不贊同他的什麼觀點，並說出理由。但是，在提出反對意見時不要過於武斷，應等孩子說完他要說的話後再評斷。即使你感覺孩子是在胡說八道，也要控制住火氣，不妄下定論。

一位媽媽問她5歲的兒子：「假如媽媽和你一起出去玩時口渴了，一時又找不到水，而你的小書包裡恰巧有兩顆蘋果，你會怎麼做呢？」

兒子小嘴一張，奶聲奶氣地說：「我會把每顆蘋果都咬一口。」

雖然兒子年紀尚小，不諳世事，但媽媽對於這樣的回答，心裡多少有點失落。她本想像別的父母一樣，對孩子訓斥一番，然後再教孩子該怎樣做，可就在話即將出口的那一刻，她突然改變了主意。

媽媽握住孩子的手，滿臉笑容地問：「寶貝，能告訴媽媽你

Part 1　請「蹲下來」跟孩子說話
——高 EQ 溝通術就是先處理情緒，再處理事情

為什麼要這樣做嗎？」

兒子眨眨眼睛，滿臉童真地說：「因為……因為我想把最甜的一顆給媽媽吃！」

那一刻，媽媽的心裡欣慰極了，她在為兒子的懂事而自豪，也在為自己給了兒子把話說完的機會而慶幸。

孩子的天真爛漫、純真善良，都在這最後一句話裡盡顯無疑。但是，不是所有父母都能做到像上文中那位媽媽一樣，給孩子說出最後一句話的機會。其實，孩子讓我們感到驚奇的一刻往往就在最後。

孩子有著不同於大人的思維模式，他們的思維大都是擴散性的，充滿想像力，沒有生活經驗的束縛，也不會帶有任何的道德意識。作為父母，一定要去理解孩子的這種思維，不能憑藉自己的生活經驗或者道德要求去對孩子未說完的話做評價，這會對孩子的心靈造成很大的傷害。

他是個單親爸爸，獨自撫養一個 7 歲的小男孩。每當發現孩子和朋友玩耍後受傷，他對過世妻子心中的歉意，便感受尤深，心底不免傳來陣陣悲涼的低鳴。

這是他留下孩子出差當天發生的事。因為要趕火車，沒時間陪孩子吃早餐，他便匆匆離開了家門。一路上擔心孩子有沒有吃飯，會不會哭，心老是放不下。即使抵達了出差地點，也不時打電話回家。但孩子總是很懂事地要他不要擔心。因為心

當孩子「出格」時，先別急著罵孩子

裡牽掛不安，他便草草處理完事情，踏上歸途。回到家時孩子已經熟睡了，他這才鬆了一口氣。旅途後的疲憊，讓他全身無力。正準備上床睡覺時，他大吃一驚：被子下面，竟然有一碗打翻的泡麵！

「這孩子！」他在盛怒之下，朝熟睡中兒子的屁股，一陣狠打。

「為什麼這麼不乖，惹爸爸生氣？你這樣調皮，把被子弄髒，要誰洗？」這是妻子過世之後，他第一次動手打孩子。

「我沒有……」孩子哭著解釋，「我沒有調皮，這……這是給爸爸吃的晚飯。」

原來孩子為了配合爸爸回家的時間，特地泡了兩碗泡麵，一碗自己吃，另一碗給爸爸。怕爸爸那碗麵冷掉，所以放進了被子下面保溫。

爸爸聽了，不發一語地緊緊抱住孩子。看著碗裡剩下那一半已經泡漲的泡麵：「孩子，對不起，爸爸錯怪你了，這是世上最美味的泡麵啊！」

即使再年幼的孩子，也有獨立的人格尊嚴，做父母的應耐心地讓孩子把話說話。如果父母發現錯怪了孩子，就要勇敢地向他們說「對不起」。只有這樣，才能建立健康、和諧的親子關係。

每個孩子都有無數的驚喜等著父母去發現，耐心地聽孩子

Part 1　請「蹲下來」跟孩子說話
　　　——高 EQ 溝通術就是先處理情緒，再處理事情

把話說完，別剝奪孩子解釋的機會，感受孩子的童真和內心的愛，這對於每個父母來說都是一門必修課。

否認能力：毀掉一個孩子，三個字足夠了

　　有一項調查顯示，在現實生活中至少有 70% 的父母覺得自己很稱職，而在這些父母中，又以獨生子女的父母居多，原因是父母覺得自己什麼事都願意替孩子做，什麼苦也都願意替孩子受。可是，這樣真的就是一個稱職的父母嗎？這樣對孩子的成長來說是一件好事情嗎？

　　樂樂上五年級，因為是家中的獨生女，父母對她呵護備至，總覺得孩子還小，什麼都做不了，什麼也不用做。

　　「這件衣服髒了，我拿去洗洗。」樂樂高興地拿起自己的髒衣服對媽媽說。

　　「不可以哦，妳還小，洗不乾淨。先放著吧，待會兒媽媽洗。」媽媽笑著對樂樂說。

　　「媽媽，週末我想和幾個同學一起去郊遊！」樂樂興奮地向媽媽請求道。

　　「又不是團體活動，迷路了怎麼辦？不安全，不可以去啊。而且，妳明天還要上舞蹈班呢！」媽媽一臉擔心地說道。

否認能力：毀掉一個孩子，三個字足夠了

「這也不可以，那也不可以，就只知道讓我讀書讀書，我到底還有沒有自由啊？」樂樂終於生氣了。

「我都是為妳好！這麼做不都是因為愛妳、關心妳嗎？」媽媽一臉無辜，覺得自己很委屈。

其實，媽媽所謂的「為妳好」讓樂樂不堪重負，她並不開心，覺得媽媽不相信自己，還剝奪了自己成長的機會，漸漸地就開始對媽媽心生怨恨，喜歡和媽媽唱反調。

現在有越來越多的獨生子女，家長經常打著「為你好」的旗號，一而再，再而三地對孩子說「不可以」！家長們總覺得孩子還小，願意幫他們做好一切。可是我們的處處否定，既讓自己筋疲力盡，也讓孩子的性格有了強烈的變化：孩子變得固執叛逆，脾氣越來越倔強，總是和大人唱反調，越不讓做的越要做⋯⋯

家長本以為自己無私的愛能保證孩子幸福健康地成長，可是孩子並不這麼認為，反而認為家長阻礙了自己成長的自由，從而引發不快和矛盾，影響了親子關係的和諧。像文中的樂樂就是如此，媽媽無微不至地照顧她的生活是為了表達關愛，可是在她看來，卻阻礙了她動手能力的培養。

愛孩子是人之常情，但是在愛孩子的過程中，要講究原則，拿捏分寸。要知道，家長和孩子看問題的方式不盡相同，所以，高 EQ 的家長都懂得蹲下來，耐心地站在孩子的角度和高

Part 1　請「蹲下來」跟孩子說話
　　──高 EQ 溝通術就是先處理情緒,再處理事情

　　度,充分尊重和理解孩子的想法,不會因為心中有愛就對孩子過度約束。要知道,愛得多不如愛得對,真正的愛應該是孩子成長道路上的不竭動力,而不能成為孩子前進的阻礙。

　　在寵溺中成長的孩子,長大的是身體,長不大的是心靈。一個人的心靈成長不了,那就永遠不會強大。

　　如果家長總是覺得孩子還小,出於保護孩子的立場,這也不許做,那也不讓做,繼續包辦他的一切事情,不願意讓孩子自己去嘗試,孩子也會在內心對自己產生不信任感。這對孩子往後各種能力的發展都會產生不良的影響。

　　高 EQ 媽媽會做孩子成長路上的引導者,而不是「全能保母」。她們懂得適時放手,讓孩子自己的事情自己做,去經歷,去鍛鍊。從小培養孩子獨立生活、自主思考的能力,會讓孩子受益一生。

　　不少教育專家提醒父母:不要總是去否定孩子,這樣孩子只會越來越困惑。相反,要是給予他們自由和鼓勵,孩子也會表現出優秀懂事的一面。

　　「媽媽,我想跟同學去爬山,我很喜歡爬山。」琪琪跟媽媽說。

　　「去吧,注意安全!」琪琪的媽媽回答道。

　　「爸爸,我不想去上鋼琴課了,我不喜歡鋼琴,我比較喜歡體育,幫我報一個羽毛球班好不好?」琪琪跟爸爸說。

　　「這個妳自己決定吧!」琪琪的爸爸回答道。

否認能力：毀掉一個孩子，三個字足夠了

琪琪今年已經14歲了，也是家裡的獨生女，卻很少在她身上看到獨生子女的嬌氣。相反，只要是她力所能及的事情，她都會自己去做。而且，琪琪也是一個很有主見的人。琪琪說，這一切都是歸功於父母很少去否定她的一些想法，這才可以讓她一直做自己想做的事情。

每個父母都想成為好父母，做稱職的父母，希望自己可以給孩子前進的動力，那就試著不要再去輕易地否定孩子，而是去鼓勵孩子，讓他們在實踐中得到一些情感的滿足，獲得一些前進的經驗。這才是真正稱職的父母，這才是真正愛孩子。

Part 1　請「蹲下來」跟孩子說話
──高 EQ 溝通術就是先處理情緒，再處理事情

Part 2
「正確表揚孩子」的話
—— 高段位的表揚,才能帶來積極的能量

Part 2 「正確表揚孩子」的話
　　　　——高段位的表揚，才能帶來積極的能量

讚美使人進步，但「你真漂亮」除外

　　美國著名心理學家羅森塔爾教授曾經做過這樣一個實驗：

　　羅森塔爾教授將一群小白鼠很隨意地分為 A 組和 B 組，他告訴 A 組的飼養員說，這一組的老鼠非常聰明，同時又告訴 B 組的飼養員說，這一組的老鼠智力中等偏下。幾個月後，羅森塔爾教授對這兩組老鼠進行穿越迷宮式的測試，發現 A 組的老鼠居然真的比 B 組的老鼠要聰明很多，牠們能夠先走出迷宮並找到食物。

　　透過這個實驗，羅森塔爾教授得到了啟發：這種效應會不會也發生在人的身上呢？於是他來到一所普通中學，先在一個班級隨便走了一趟，然後就在學生名單上圈了幾個名字，告訴他們的老師說，這幾個學生的智商很高，很聰明。過了一段時間，羅森塔爾教授又來到這所學校，驚奇地發現那幾個被他很隨意選中的學生現在真的成了班上的佼佼者。

　　為什麼會出現這樣的現象呢？

　　這是因為，羅森塔爾教授是著名的心理學家，在人們心中有很高的權威，老師們對他的話都深信不疑，因此就對他指出的那幾個學生充滿了信心，經常稱讚他們，而學生也感受到了這種期望，認為自己是聰明的，從而提高了自信心，就真的成了優秀的學生。

讚美使人進步，但「你真漂亮」除外

稱讚會給予孩子極大的鼓舞，而父母的表揚與其他人相比產生的作用會更大。心理學家經過實驗發現，孩子總是在無意識中按照父母的評價強調自己的行為，以得到父母的表揚和認可。

有一位媽媽在擦桌子的時候，她1歲多的兒子走過來，學著媽媽的樣子，手裡拿著一塊布在桌子上抹來抹去。其實，這麼小的孩子，完全沒有做家事的概念，他只是單純地模仿媽媽而已。這位媽媽則抓住了這樣一個誇獎孩子的機會：「小偉真懂事，這麼小就想幫媽媽擦桌子，將來一定是個優秀的孩子。」孩子聽到媽媽這樣講，馬上來了精神，在桌子上抹得更起勁了。媽媽擦完桌子之後，告訴孩子：「以後擦桌子的時候要注意，這些邊邊角角也要很乾淨，那就更好了。」孩子很滿意地點了點頭。

所以，在日常的教育中，家長應該對孩子多一些表揚，少一些批評。對孩子的一些想法和行為，不能按照成人的標準來判定，應該發自內心地讚美孩子：「你真棒，我小的時候可沒你這麼有創意。」孩子的進步就會越來越快，也會把父母當作自己生活中的良師益友。如果父母只是一味地指責，甚至是狠狠地訓斥，那孩子的自尊心，還有無限的潛能，都會被父母的訓斥聲所淹沒。

鼓勵是自信的酵母，誇獎是自信的前提。讓孩子變得更加

Part 2 「正確表揚孩子」的話
—— 高段位的表揚,才能帶來積極的能量

優秀,最有效的方法就是,及時地誇獎和鼓勵。誇獎會使孩子堅定自己的信心,從而更加努力地為成功找方法。

可能有些家長會產生這樣的疑問:如果一味地誇獎孩子,把孩子教得驕傲自大怎麼辦?如果孩子今後聽不了批評的語言怎麼辦?將來孩子不聽話很難教怎麼辦?

這種顧慮很正常,而且這種現象也的確會有。其實,誇獎孩子是有要領可循的,有些地方一定要誇,而有的地方一定不能誇。

著名作家畢淑敏在隨筆〈請為你的誇獎道歉〉中,曾提到關於她朋友的一件事:

朋友到北歐做訪問,週末到一位教授家中做客。看到教授5歲金髮碧眼的小女兒,不禁誇獎了一句:「妳長得這麼漂亮,真是可愛極了!」在小女孩離開後,教授非常嚴肅地對朋友說:「你傷害了我的女兒,你要向她道歉。」

朋友大驚,無法理解:「我只是誇獎了妳女兒,並沒有傷害她呀?」但是,教授堅決地搖了搖頭,說:「你是因為她的漂亮而誇獎她。但漂亮這件事,不是她的功勞,這取決於我和她父親的遺傳基因,與她個人基本上沒有關係。但孩子還很小,不會分辨,你的誇獎會讓她認為這是她的本領。而且一旦她認為天生的漂亮是值得驕傲的資本,就會看不起長相平平甚至醜陋的孩子,這就使她產生了錯誤觀念。」

「其實，你可以誇獎她的微笑和有禮貌，這是她自己努力的結果。」教授聳聳肩說，「所以，請你為你剛才的誇獎道歉。」

朋友非常認可教授的說法，很正式地向她的女兒道了歉，同時讚揚了她的微笑和禮貌。

在生活中，我們看到漂亮的小女孩會情不自禁地誇她長得真漂亮，或者誇小男孩長得帥，卻從沒想過可能會給他們造成錯誤的認知，比如：過分在意自己的外表，不停照鏡子；忘乎所以，自視甚高，輕視長相平平的孩子等。這就有悖我們誇獎的初衷了。

我們誇獎孩子，為的是讓他們更加健康地成長，所以誇獎應該是側重於孩子的好習慣、好態度、好品格。比如：一個孩子天天堅持寫日記，得到誇獎之後，會堅持得更好；一個孩子很懂得讓著自己的小弟弟，得到誇獎之後就會變得更加懂事……而對於孩子的天分、長相這些先天的優勢，它們不是值得炫耀的資本和技能，就不需要一次次地誇獎了。

誇獎具有啟發性和鼓勵作用，但誇獎過多，會帶給孩子壓力，形成焦慮。所以誇獎要適可而止，應該用欣賞、交談、聆聽等方式代替過多的誇獎。總之，我們不能讓孩子在受責備的環境中成長，但是也不能讓他們整天泡在讚美裡，要學會適度誇獎。

Part 2　「正確表揚孩子」的話
—— 高段位的表揚，才能帶來積極的能量

你總是誇孩子聰明，所以他變笨了

孩子的成長需要父母的鼓勵，但在現實生活中，不知從何時起，父母開始模板式對孩子進行讚揚，脫口而出這樣的萬能句：「你真棒」、「你好聰明」、「加油哦」、「好好做」……諸如此類，我們輕車熟路，又萬事大吉。

其實，這類表揚語言有時已經成為習慣性反應，為表揚而表揚，僅僅是對孩子空泛的評價和判斷，具體哪方面棒、如何去做，卻隻字未提，容易顯得不夠真誠，所以不能引起孩子的共鳴，根本發揮不了激勵的作用。這樣的表揚多了，對孩子毫無意義。學會正確地表揚孩子，是父母需要學習的重要功課之一。

比如，孩子很興奮地跟媽媽說：「媽媽，我這次考了100分！」媽媽也高興地回應道：「真棒！你真是太聰明了！」其實，媽媽這句話傳達出來的潛臺詞是：你考了100分是因為你聰明，而如果你考不好，則是因為你笨。孩子也會因此給自己貼上「我棒」、「我聰明」的標籤，接下來，為了繼續得到「棒」、「聰明」的評價，就只會選擇做自己有把握的事，上進心也會慢慢消失了。

這種情況下，如果媽媽給予如此回應：「太棒了！媽媽真為你高興！你的努力都是值得的，下次也要再接再厲啊！」即讓孩子把學習成果與態度、方法連繫起來，「誇努力，不誇聰明」，就高明多了。

海姆・吉諾特是一位臨床心理學家、兒童治療專家，他在一本書中記錄過這樣一個案例：

一個 12 歲的小女孩正在玩遊戲，剛玩到第三關，她爸爸對她說：「妳太聰明了！妳配合得真棒！妳是個專業級玩家了！」可是爸爸剛說完，女孩突然就不想玩了。她說：「爸爸覺得我是個很棒的玩家，但我能玩到第三關是運氣好。如果是靠我的努力，我可能連第二關都到不了。所以我最好還是別玩了。」

「當我們誇孩子聰明時，等於是在告訴他們，為了保持聰明，不要冒可能犯錯的險。」史丹佛大學著名發展心理學家卡羅爾・德韋克如是說。所以，這位爸爸言過其實的不當表揚不僅沒有鼓勵女兒繼續挑戰更困難的任務，反而促使她選擇了放棄，因為在爸爸誇張的讚美下，她失去了抵抗不完美的能力，拒絕挑戰，害怕自己不能夠表現得像個「專業玩家」，會失去「聰明」的評價。

最近，身邊的朋友都在討論怎麼誇孩子最有效。比如：誇具體不誇全部，「謝謝你幫媽媽掃地」比「好孩子，你真棒」強；誇事實不誇人格，「摔倒了都沒哭，真棒」比「真是好寶寶」強……

孩子表現好，若父母誇得具體、誇他努力，孩子懂得了，下次還會這樣做；若父母誇得籠統、誇他聰明，孩子要麼容易以為「天生聰明、不需要再努力」，要麼在下次失敗後會深刻地懷疑自己的能力。所以，誇孩子，有講究，值得為人父母者注意。

Part 2　「正確表揚孩子」的話
　　——高段位的表揚，才能帶來積極的能量

　　當我們在日常生活中遇到孩子表現優異，按捺不住地想脫口而出「你真棒」、「你好聰明」時，不妨借鑑一下美國小學老師制定的這份關於表揚的「話術清單」，從中挑一句來替換掉吧！

　　1. 你剛才很努力啊！── 表揚努力

　　2. 儘管很難，但你一直沒有放棄。── 表揚耐心和堅持

　　3. 你做事情的態度非常不錯。── 表揚態度

　　4. 你在_____上進步了很多！── 表揚細節

　　5. 這個方法真有新意！── 表揚創意

　　6. 你和同伴們合作得真棒！── 表揚合作精神

　　7. 這件事情你負責得很好！── 表揚領導力

　　8. 你一點都不怕困難，太難得了！── 表揚勇氣

　　9. 你幫_____完成了他的任務，真不錯！── 表揚熱心

　　10. 你把自己的房間／書收拾整理得真好。── 表揚責任心和條理性

　　11. 我相信你能做到，前幾次你說話都算數。── 表揚信用

　　12. 你今天參加活動時表現得很好！── 表揚參與

　　13. 你很重視別人的意見，這點做得非常好。── 表揚開放虛心的態度

　　14. 真高興你做出這樣的選擇。── 表揚選擇

　　15. 你記得_____！想得真棒！── 表揚細心

高段位的表揚,才能帶來積極的能量。快來發現孩子的優點,給出一個誠懇的、具體的、鼓勵滿滿的表揚吧!

孩子賭氣,可能是在「求表揚」

亨特媽媽最近因為兒子的壞毛病頭痛得厲害。不知道從什麼時候開始,亨特經常忘記把牙刷放到杯子裡,每次刷完牙,他總是順手就丟在洗手臺上,既不衛生也不整齊。

「亨特,你怎麼又把牙刷扔在外面了,我不是告訴過你,牙刷用過後要放到杯子裡嗎?」衛浴間傳出了亨特媽媽的喊聲。

亨特正在玩自己的玩具,聽見了媽媽的話就隨口應付說「知道了」。亨特媽媽見兒子並沒有認真聽她說話,打算再強調一下,以鞏固效果。

「亨特,你過來一下。」

「幹嘛呀?」亨特很不情願地放下玩具走了過去。

「把牙刷放在杯子裡去!」

亨特很快放好,轉身就走了。

「以後記住了!」

「知道了!」

第二天,亨特把牙刷放到了杯子裡,還特意擺了擺位置,

Part 2 「正確表揚孩子」的話
—— 高段位的表揚，才能帶來積極的能量

但是媽媽沒有注意到這個小細節，她把兒子擺牙刷的事看成了一件很正常的事情。媽媽的表現令亨特很沒有成就感。

第三天，牙刷又被亨特丟到了洗手臺上。

「亨特，你的壞習慣怎麼老是改不了？看，又沒有把牙刷放到杯子裡，怎麼搞的？」媽媽生氣地說道。

「我以為妳不記得了。」亨特有點賭氣地說。

「什麼叫『我不記得了』？」媽媽不解地問。

「因為昨天我的牙刷是放在杯子裡的，妳什麼也沒有說。」

這個例子讓我想起了曾在一本書上看到的一件事：一位家長由於孩子吵鬧不休而火冒三丈：「你們就不能安安靜靜地玩一會兒嗎？」孩子答道：「我們當然能，只不過我們安靜的時候你根本沒注意罷了。」是啊，為什麼父母對孩子的缺點、退步如此敏感，立刻做出反應，而對他們的優點、進步卻這樣麻木，不加注意、不加表揚呢？

只要孩子有進步，哪怕很小，父母也應該及時表揚。當孩子意識到自己存在的問題，下決心改正時，父母一定要細心觀察，及時鼓勵，給予充分的肯定，絕不能無動於衷，視為理所當然。無動於衷會挫傷孩子的積極性，覺得父母對自己的進步漠不關心，認為自己的努力白費了。久而久之，孩子就會失去成就感。

青少年都有強烈的表現欲望，想讓別人理解自己，認識自己具備的能力。當他們表現良好、做出成績或者取得進步時，

是十分希望得到肯定和讚許的。這個時候，他們幾乎將所有的精力和期待都放在了這件事情上，所有的興奮點也全部集中到了這件事情上。如果父母能及時發現，並予以表揚，孩子要求進步的動機就會得到強化，心理得到滿足。

12歲的凱文有個令人討厭的壞習慣，他每天放學一回到家，就把他的書包、鞋子、外套扔到客廳的地板上。雖然凱文偶爾也會按照媽媽的要求把東西都擺放好，但大多數時間都是隨地亂扔。對此，凱文媽媽試過很多方法來矯正他這個毛病，但無論是提醒他、責備他、懲罰他，都無濟於事，凱文的東西仍舊堆在地板上。

在上述方法都不見效果的情況下，凱文媽媽決定嘗試一種新方法。

這天，凱文媽媽看到凱文經過客廳而沒有扔東西時，她立即走上前去，輕輕地擁抱了一下凱文，並感謝他的體貼、懂事。凱文剛開始很吃驚，但很快他的臉上就充滿了自豪。因為他將自己的東西帶入自己的房間而受到了肯定和表揚，於是在這之後，他就盡力去這樣做，而他的媽媽也記著每次都對他表示感謝。

表揚孩子的正性行為比責備他們的負性行為更有效。當孩子有了改正錯誤的意願時，除了讚賞和鼓勵外，父母還需要多一分耐心和寬容，不要用懷疑的態度來對待孩子的承諾，更不

Part 2 「正確表揚孩子」的話
──高段位的表揚,才能帶來積極的能量

要諷刺挖苦。

所以,父母要經常注意觀察孩子的言行,一旦發現孩子做出良好的行為時,就及時給予表揚,使孩子的良好行為成為「習慣」,尤其是對於那些膽怯、缺乏信心的孩子,更應經常、適時表揚他們的行為。

著名兒童教育家陳鶴琴曾說過:「無論什麼人,受激勵而改過,是很容易的;受責罵而改過,是不大容易的。小孩子尤其喜歡聽好話,而不喜歡聽惡言。及時有效的好話,對於孩子改過有著不可估量的作用。」

此外,父母及時的鼓勵也可以培養孩子的自強心。什麼是「自強心」?就是在自尊心初步形成後(相對短的時間內),能夠在邏輯思維基本結構建立期和豐富成長過程中,透過「比較心理」在資訊環境中呈現出更為強烈的「被重視性邏輯思維」外在表現的過程。

3歲半的曉曉很認真地畫了一幅畫。

曉曉:「媽媽,妳看看我畫的這個房子!」

媽媽:「媽媽正忙著呢,讓爸爸看看吧。」

曉曉:「爸爸,過來一下,看我畫的畫。」

爸爸:「爸爸正在畫圖紙,畫完就去看!寶貝先自己看會書吧。」

曉曉撇著小嘴,非常失望地盯著自己的那幅畫。

孩子賭氣，可能是在「求表揚」

曉曉最近對畫畫非常感興趣，當她滿懷期待地把自己的新作品給爸爸媽媽欣賞時，因為沒有得到自己想像中的鼓勵或者肯定而悶悶不樂，這就是曉曉的「自強心」受到一定傷害的表現。

曉曉的父母也許不知道，他們無意間失去了一次增強曉曉「自強心」的良好時機。經常這樣應付孩子，容易使孩子的「自強心」喪失，也就更談不上對「自強心」的良好培育了。所以，當孩子主動呈現出「自強心」的表現時，父母一定要給予及時、適當的鼓勵。

曉曉：「媽媽，妳看看我畫的這個房子！」

媽媽（認真觀看作品之後）：「曉曉畫得好棒啊！紅色的三角形屋頂、黃色的正方形窗戶，還有圓形的門。曉曉會畫這麼多圖形了呀？」

曉曉：「當然了，我是很優秀的哦。」

媽媽：「曉曉真厲害！爸爸，快來看我們曉曉新畫的畫，顏色好豐富哦！」

其實，我們可以感受得到，當孩子在某一方面有積極變化或努力表現的時候，來自外界的及時肯定和讚美會讓孩子感覺是真誠的，而且是有力量的。最重要的是，他在往積極變化這個方向找到了力量，那麼孩子就會越來越好。

Part 2 「正確表揚孩子」的話
—— 高段位的表揚，才能帶來積極的能量

一種高段位的表揚法，不知道你就落伍了

情景一：被人誇長得漂亮，你喜歡哪一種誇法？

1. 你長得真漂亮！
2. 你的五官真精緻，尤其是鼻子，讓臉龐特別有立體感。

情景二：你從講臺上下來，剛進行了一段慷慨激昂的演講。

1. 你講得真好！
2. 你的演講內容很豐富，語調也抑揚頓挫！

同樣都是表揚，第一種給人的感覺是：很廣泛、很隨意，大多數人都不會放在心上；第二種的段位明顯提升一截，非常具體，人們通常會很樂意接受這樣的誇獎。因此，專家建議，父母在誇獎孩子時要多用讚賞的語氣描述自己所看到的，讓誇獎變得很形象，孩子聽到這樣的描述後，真的就能夠打心底開始讚賞自己。

我4歲的孩子從幼稚園回到家，手裡拿著一張紙，上面是些鉛筆塗鴉，放到我眼前，問：「畫得好嗎？」

我說：「你畫的一個圈，一個圈，又一個圈……一個彎，一個彎，又一個彎……點，點，點……線，線，線！」

「嗯。」孩子狂點頭。

我說：「你怎麼會想到要這麼畫？」

一種高段位的表揚法，不知道你就落伍了

他想了一會兒：「因為我是個藝術家！」

如何做到高段位的表揚呢？親子溝通專家阿黛爾·法伯用親身經歷告訴我們，用描述法進行表揚，絕對是一個歷史性的進步，因為在父母描述之後，孩子真的就會讚賞他們自己。

那麼，父母在實際運用中到底該如何使用「描述法表揚」呢？下面我們就結合一些例子做具體的分析。

第一，家長要擴散性思考，善於用描述性句子

比如：孩子寫了一篇不錯的文章，你不能簡單地給孩子貼上「你寫得真好」、「你的寫作天賦很高哦」之類的標籤；不妨發散一下思維，換一換表達方式，用描述性的語言告訴孩子：「你這篇文章開頭簡而得當，透過環境描寫來襯托人物心情，十分藝術化；結尾處集中表達情感，既照應開頭又總結全文；首尾連貫，一氣呵成。可見，你寫這篇文章是經過思考的，付出了努力。」這樣一來，孩子就會跟著家長的描述發現自己的優點，肯定自己，就會覺得「只要我努力，認真思考，就可以寫出好文章來」，自信也就慢慢樹立起來了。

第二，在描述性的語句後再加一個總結性的詞，幫孩子重新認識自己

比如：「你說好6點回家的，現在正好6點，這就叫做『守時』。」「你看見書架上的書亂了，就整理了一下，這就叫做『有

Part 2 「正確表揚孩子」的話
　　——高段位的表揚，才能帶來積極的能量

主動性』。」「媽媽並沒有時時刻刻監督你，但愛吃糖果的你依然做到了每天只吃一顆，這叫做『有自制力』。」「你把衣服都分類，上衣、褲子都放在不同的隔層裡，這就叫做『有條有理』。」……

　　父母在描述後，加一個總結性的詞語，能讓孩子對自己有更準確的認知，並且這種自我確認會貫穿到孩子以後的行為中，會變得越來越守時、有自制力、有條理性。

　　總之，父母要從生活中的每一個細節去發現孩子值得表揚的地方和需要改進的地方，用一種細緻入微的描述性語言誇獎或者批評孩子。這樣，孩子就可以真正地進步，也能不斷地加強自信和自尊。

如何科學地使用物質獎勵

　　有位老人看上了鄉村幽靜淡然的環境，特意從喧囂的城市搬到一個小鄉村裡休養。住進新房的第二天，老人就發現：這裡有一個很不利於休養的因素——在他的住處附近有一群十分頑皮的小孩子，他們天天互相追逐打鬧。喧譁的吵鬧聲使老人無法靜心休息，老人試圖用長輩的身分要求他們禁止吵鬧，但無論是跟他們講道理，還是嚴肅地責罵他們，打鬧聲都屢禁不止。後來老人想到一個好辦法，他把孩子們都叫到一起，告訴

如何科學地使用物質獎勵

他們：他將根據孩子們吵鬧的情況給予不同的獎勵。誰叫的聲音越大，誰得到的獎勵就越多。

孩子們很是開心，叫的聲音大就能拿到獎勵讓他們一個個興奮不已。很快，吵鬧聲響了起來，比以前的任何時候都要大。老人耐心地等著，等到所有的孩子都喊得筋疲力盡了，他拿出家裡存著的好吃的糖果，給了那個叫的聲音最大的孩子。

一連幾天，孩子們已經習慣了透過叫喊聲來獲取獎勵。就在這個時候，老人突然宣布不再給叫聲大的孩子任何獎勵，無論孩子們怎麼吵鬧，他都堅決不給。

結果，孩子們認為「不給糖了誰還叫給你聽」，覺得受到了不公正待遇，就再也不到老人所住的房子附近大聲吵鬧了。

故事中的孩子，因為把他們的喊叫吵鬧跟獎勵連繫在一起，他們會很自然地認為吵鬧是他們獲得獎勵的原因，因此，當老人拒絕再給他們獎勵的時候，他們就覺得應該放棄吵鬧。

「幫爸爸捶捶肩，給你10塊錢」、「去幫爸爸買盒菸，零錢就歸你了」、「把青菜吃完媽媽就給塊巧克力」、「乖乖上完舞蹈課就買芭比娃娃」……您是不是也經常這樣，習慣用有形的物質獎勵來換取孩子配合做事？

其實，這種做法並不是可取的。親子關係不是商業交易，這種教育孩子用金錢換取親子間互助與合作的方法，最終會導致孩子想要零用錢時就要求「爸爸，我幫你捶捶肩吧」這種強賣行為，

Part 2 「正確表揚孩子」的話
―― 高段位的表揚，才能帶來積極的能量

甚至慢慢學會操縱大人，不給獎勵不做事，妨礙良好習慣養成。

此外，有些父母還喜歡用金錢來獎勵孩子的認真，「數學考試 100 分，獎勵 100 元」，這使孩子漸漸忘記了讀書真正的樂趣，讓孩子覺得自己努力的「唯一」結果是為了得到獎勵。如果有朝一日，獎金沒有了，恐怕孩子的努力也就沒有「希望」了。這種做法還會使孩子認為，為全家賺錢的爸爸很偉大，而鄙視每日忙於家務的媽媽。

當然，物質獎勵並不是要全盤否定，對其賦予新的意義則是可行的。比如：把去吃麥當勞或肯德基的獎勵變成一次或遠或近的出行；把不斷更新的電子玩具變成孩子自己挑選的好書⋯⋯都是不錯的選擇。

當然，獎勵孩子的原則應是精神獎勵重於物質獎勵，否則易造成「為錢而怎麼做」、「為父母而怎麼做」的心態。公司老闆如果希望自己的職員努力工作，就不要給予職員太多的物質獎勵，而要讓職員認為他自己勤奮、上進，喜歡這份工作，喜歡這家公司。同樣的，父母如果希望孩子努力讀書，培養良好品格，也不能用金錢去獎勵孩子的好成績，而要讓孩子覺得自己喜歡讀書，讀書是件有趣的事。

如果孩子犯了錯誤，父母也不應該用金錢來衡量錯誤的損失，而要教會孩子從人文的角度看問題。比如：孩子把花瓶打碎了，不應斥責他「你都做了些什麼？你知道它值多少錢嗎？」

而應帶著惋惜的口吻說「這可是爺爺最喜歡的花瓶呀」。已經打碎了，也沒有辦法，只要提醒他以後注意就是了。

預支表揚，給孩子一個向上的理由

人在一種良好的期望中生活，經常聽到的是期望的語言，就會變得非常自信。這時候心理和生理都會調整到一個積極、活躍的狀態，真的就能如自己所期望的那樣達到一個個目標。因此，每位家長對孩子都要有一個好的期望，適當地給孩子「戴高帽」就是一種很有效的方法。這個「高帽」並不是虛假表揚和一味護短，而是「預支」表揚，為孩子的行為指明目標和希望，增強其信心。

當孩子猶豫要不要把零食和媽媽分享時，媽媽故意說他是個大方的好孩子，得到了鼓勵的孩子很可能就會因此而變得更大方。有時家長不用直接鼓勵，而是透過跟別人談話來讚揚孩子，讓孩子「不小心」聽到對他的讚揚，這樣的「高帽」增加了很多真實感，孩子會更加樂於接受，同時也能增強他的行動力。

小櫻生活在一個相對民主的家庭。她的父母都是大學老師，雖然平時對她的要求比較嚴格，但在家庭生活中，父母尊重小櫻的意見，也十分重視對她各個方面的培養。在小櫻剛讀升上國中，媽媽就任命她為「家庭管家」，讓她幫忙管理家庭事

Part 2　「正確表揚孩子」的話
　　——高段位的表揚，才能帶來積極的能量

務，參與家庭決策。

　　過年前，家中的三位成員都想添置新東西。媽媽想買雙新鞋子，爸爸想買臺新電腦，而小櫻想買支新手機，三人各抒己見。

　　「我也覺得三個人的願望都滿足是最好的，但以我們家目前的經濟情況，這樣做的話接下來就可能要過一段拮据的日子了。」媽媽說。

　　「是啊，我們都明白。」爸爸和小櫻一致說。

　　「那怎麼辦吧，還是讓我們的『家庭管家』來決定吧。我相信她是一個懂事的孩子，一定會做出正確的決定。」

　　小櫻聽後，想了很久，最終做出了決定：「還是先幫媽媽買鞋子吧，否則受傷了怎麼辦？健康第一啊。之後，可以買電腦給爸爸，爸爸的工作需要它，然後再買新手機給我。」

　　聽到女兒的決定，父母由衷地感到高興。

　　與成人一樣，孩子也喜歡聽到讚美的話，希望得到認可，在一定程度上甚至更喜歡有人能給他「戴高帽」。小櫻的父母給了她一個「家庭管家」的頭銜，並且能經常為她創造管理家庭事務、參與家庭決策的機會。在小櫻看來，這不僅是父母尊重自己話語權的表現，也是父母對自己能力的肯定和信任，所以她很樂意接受父母的任命，並且在處理問題時能從「家庭管家」的身分來思考和做出決定。

　　此外，小櫻在擔任家庭管家的同時，還體驗了管理家庭事

務、協調家庭成員利益的不易，從而能更好地體會到父母持家的艱辛和苦難。另外，在這個過程中，她不僅增強了自信，而且各方面的能力也得到了一定程度的培養和提高。

父母根據孩子的特點和優勢適當地給孩子「戴高帽」，並不是說父母可以任意地誇大孩子的優點，盲目地進行表揚。而是希望父母能以一種尊重和平等的姿態來對待孩子，突出孩子在家庭生活中的重要作用，多給孩子一些施展才華的機會，讓孩子在這個過程中獲得成就感，實現自我價值。

在運用給孩子「戴高帽」這種方式時，父母首先應該遵循適度的原則。「戴高帽」的讚美方式在一定程度上是對孩子及其能力的肯定，但在表達方式上卻帶有一些誇大的成分。如果過多地使用或是經常誇大孩子的表現，孩子就有可能因此而忘乎所以，變得異常驕傲，這對孩子的成長十分不利。

其次，父母應該根據孩子的性格特點決定是否選用這種方式。對於那些內心羞澀、自信心不足的孩子，父母可以適量地使用「戴高帽」的方式，以激起孩子的自信心和成就感，幫助他不斷進步；而對於那些平時就很驕傲，容易自滿的孩子，父母還是少用為妙。

Part 2 「正確表揚孩子」的話
——高段位的表揚，才能帶來積極的能量

表揚孩子，請不要表演

我們越大肆表達自己的讚賞，孩子越不領情。身為父母的你，是否也有過同樣的經歷呢？

朋友有個 5 歲的女兒，一天，小女孩拿著一幅自己甚為滿意的「大作」給朋友看，希望能得到爸爸的讚美。

朋友看了一眼，立刻表揚道：「多好的一幅畫啊！」

小女孩問：「好在什麼地方？」

朋友說：「整體都不錯。多美啊，太漂亮了！」

小女孩追問：「那最好是哪裡？」

朋友說：「都很好。」

「爸爸根本就不喜歡……」小女孩有點失望，甚至有點不開心。

事實上，讚美孩子的繪畫作品並沒大家想像中的那麼簡單，如果表揚的方式太隨便，表演的痕跡太明顯，反而會產生貶低的反效果。例如：「就像畢卡索畫的一樣，參加比賽一定能得獎」，這種誇張的讚揚會使孩子很掃興，產生不舒服的感覺，覺得父母毫無誠意。如果不是父母，換成其他人，這種誇張的說法就如同露骨的吹捧一樣，潛在的意思是「你的畫就那麼回事」，會讓孩子無法接受。

想讓孩子得到正面的鼓勵，我們可以從立意、構圖、顏色、細節、想像力、創造力等各個方面，抓住某一處亮點給予讚賞，還可以評價這幅畫中令人感動的地方。比如：「這個天空的顏色很有意思」，或「這個臉畫得很像媽媽」，用針對性強的描述性語言，懇切地進行適中的評價很重要。這樣，孩子就知道你真的有認真在看他的畫，才能明白自己的畫好在哪裡，真實地感受到畫畫帶來的成就感，以後畫起來就更賣力了。

我們在評價孩子的畫時可以指出優點和不足，還可以把孩子以前的畫拿出來作比較，看看哪方面有了哪些進步。這樣可讓孩子更關注努力的樂趣，而不是僅僅關注結果，能促使孩子產生更大的積極性。比如：「這次畫的圓圈比昨天畫得圓多了」，或「這片葉子畫得真細緻，葉脈這麼清晰」等。

讚美孩子的畫，需要磨練技巧，父母一定要多多思索，進行極其恰當、細緻、周到的評價，這樣才能讓孩子得到有效的回饋，使其天賦得以激發，助其才能得以發展。

不論對什麼事，父母的表揚一定要適度和真誠。如果讓孩子感覺到表揚就像拙劣的表演，太虛偽、太浮誇，他們可是不買帳的哦，甚至還會造成孩子心理上的傷害。只有進行極其細緻、周到、恰當的評價，才能增加孩子對父母的信任，也更能增加評價的效果。

Part 2　「正確表揚孩子」的話
——高段位的表揚，才能帶來積極的能量

父母常說這一句話，孩子想不優秀都難

每個孩子都像是一塊尚未雕刻的璞玉，都有成為人才的可能。但這塊玉是大放光彩還是失去光芒，完全取決於父母的教育。

天天今年讀小學六年級，可是他的字一直寫得很潦草，筆畫不清。為了幫助天天，媽媽在徵詢他的意見之後替他報了一個書法興趣班。剛開始的時候，天天很有耐心，刻苦地練習。但過了不久，他的興趣慢慢減弱，在練習方面也遠不如原來專心了。

一天，媽媽見天天正在漫不經心地練習著，問：「兒子，最近感覺怎麼樣？學書法有用吧！」

「有什麼用啊？用毛筆練習真累，我越來越沒有耐心了。而且毛筆字寫好了未必對鋼筆字有用，我不想學了。」天天說。

媽媽聽完，拿過天天的練習本一看，說：「還真是不錯，字明顯比以前進步了嘛！你最近的作業我也看了，字跡清晰，結構合理，比以前好多了，你怎麼說沒用呢？」

天天聽後，雖然有些懷疑，但心裡卻十分高興，一下子又找到了學習的熱情。

很多父母因為對孩子要求過高而難以看到孩子的細小進步，甚至當孩子沒有達到自己理想的標準時就全盤抹殺孩子的進

步，這其實是非常錯誤的做法。事實上，孩子的進步是階段性的，家長應該充分明白並理解這點，給孩子充足的時間，賞識孩子的每一個進步。只要孩子比原來有進步，就及時給予孩子肯定和讚揚，這對孩子來說是一種很大的鼓舞，會讓他在進步的道路上不斷前行。

家長不妨對孩子說：「你每天都在進步。」這句話對於成長中的孩子來說，尤其對那些調皮的孩子來說，是一種積極的鞭策。要知道，孩子受到什麼樣的對待，就會變成什麼樣的人。受到的是能喚起孩子積極情緒的鞭策語言，他就能夠感受到一種寬容和推助，並表現出意想不到的進步。所以，如果家長想改變孩子，就應該不斷地往孩子的「大腦資料庫」中輸入積極的程式設計。

父母學會欣賞自己的孩子，及時賞識孩子的每一個進步是非常必要的，但在這個過程中，如下的一些問題也是父母應該多加注意的：

■ 父母要始終保持一顆寬容的心

在日常生活中發現孩子的優點，包容孩子的缺點，當孩子在課業和生活中取得進步，哪怕是很小的進步時，父母也應該多肯定和表揚。在表揚孩子的進步時，父母也不要盲目而廣泛地讚賞。最好能根據孩子的表現，進行具體的、有針對性的表揚。

Part 2 「正確表揚孩子」的話
—— 高段位的表揚，才能帶來積極的能量

■ 父母隨時都要看到孩子的進步

在孩子表現不好、遭遇挫折、感到沮喪的情況下，千萬不要打擊孩子的信心和積極性，而應該寬容孩子的不佳表現，安慰孩子的不良情緒，這將會幫助孩子重建信心，收穫勇氣。

金星的成績在班上總是墊底，老師和同學們總是瞧不起金星，金星自己也放棄了。可是金星的媽媽卻一直不放棄，堅持鼓勵孩子。

「金星，你能做到每一次進步一個名次嗎？這次是倒數第一，我只要求你下次考倒數第二就可以了。」

金星在媽媽的鼓勵中，一點一點地進步著。等到五年級期末考試時，已進步為班級倒數第 11 名。可是升入六年級後的第一次考試，金星又考了倒數第一，金星非常沮喪。

「不要這樣沮喪，你看你這次的數學成績可是考了一個前所未有的高分哦。」媽媽對金星說，「不要放棄，下一次你可以考得更好。」

就這樣，金星在媽媽的鼓勵中重新獲得了信心。等到六年級期末的時候，他的成績已經屬班級的中等水準了。

父母日復一日地對孩子的細微處進行鼓勵，孩子也在不斷地提高他們的能力。孩子發現他可以把雜亂的屋子收拾乾淨、他能動手做一個禮物送給別人、他能寫出感人的詩篇等。所有的這些經歷，都會慢慢地累積在他的心中，沒有人能奪去，都

可以在今後受到挫折和困惑時，帶給他安慰和鼓勵。我們相信，沒有孩子天生是一塊毫無光芒的石頭，只要父母留心孩子每一次細小的進步，並用一種賞識的眼光去看待孩子，及時鼓勵孩子，孩子這塊玉總會有大放光彩的一天。

強化孩子的優點就是弱化其缺點

教育家在調查研究的過程中，發現了一個現象：大多數家長總是對孩子的缺點非常敏感，對孩子的教育也往往以「改錯」為主。他們急於改變孩子身上的缺點，認為只有這樣，孩子才能成為一個優秀完美的人。不得不說，這種教育在一定程度上壓抑了孩子的個性。

因此，教育家開始大力提倡「揚長」的教育理念，這也是當今時代的需求。我們需要自信、有個性的孩子，而這些孩子大多是在激勵和賞識的教育中培養出來的。這一理念得到了高EQ家長的一致認同。在他們看來，孩子身上的優點、缺點都是特點，不盯著孩子的缺點嘮叨，強化孩子的優點就是弱化其缺點。

父母想要幫助孩子改正缺點，最關鍵的就是要學會欣賞孩子，善於發掘他身上的優點，而不是一味地埋怨和批評。尋找孩子身上的優點才能恰當地進行評價和表揚，這不僅能讓孩子感受到溫暖和關愛，也能讓孩子受到鼓舞和啟發。父母有效的

Part 2 「正確表揚孩子」的話
―― 高段位的表揚，才能帶來積極的能量

鼓勵和誇獎能讓孩子發揚自己的長處，努力改正缺點，揚長避短，取得更大的進步。

努力發現孩子身上的優點不僅能幫助孩子改正缺點，對他未來人生的發展也有著很大的影響。父母要努力發現孩子身上的潛能，幫孩子把潛能開發出來，成就他更加精采的人生。

不是每個人都有著和莫札特、拉馬努金一般的天賦，但我們必須承認，每個孩子身上都有優點。只是有些孩子的優點是天生就有的，而有些孩子的優點是後天培養起來的。有些人天生對語言敏感，可是有不少人剛開始並未表現出驚人的語言天賦，透過後天的學習同樣也成就了一番事業。父母應該知道，孩子身上表現出的能力上的優點和道德上的優點，對於孩子的人生發展都有著不可忽略的作用。只要細心觀察，不戴有色眼鏡，不求全責備，就能找到孩子值得讚美和肯定的地方。父母需要在平時多觀察孩子，幫助孩子認識自己的長處，發揮自己的優勢。

此外父母對於孩子的賞識和讚美不能僅僅停留在語言上，更要展現在行動上。要學會提供孩子展示自我的機會，只有讓孩子親自體驗了成功的樂趣，他的自信心才得以提升，對自己優點的認知也才能更深刻具體。

每個孩子身上都有優點，只要父母用心發現，每一個孩子都是天空中閃亮的星星，他的人生也會因你的肯定而大放異彩。

別人誇你家孩子時，你第一句話一定不能這麼說

有一次，我帶著3歲的兒子小小費在樓下玩，遠處走過來一個牽著寶寶的中年婦女。她女兒在外地工作，孩子就只能老人照顧著。孩子叫亮亮，比小小費大1歲。亮亮的外婆拿著畫板，看起來是要帶孩子上課去。

我帶著小小費走上前打招呼：「亮亮要去哪兒呀？」

婦女回答：「帶他去上美術課。」

「讓小小費看看哥哥畫的畫，好嗎？」我輕聲問。

婦女遞過畫板。畫面上是一個紅色小屋，裡面手拉手站著三個人，滿滿的童趣。

「我猜，亮亮一定是想爸爸媽媽了，是嗎？」我看著畫說，「構思好巧妙，顏色也豐富，畫得真好！」

當亮亮帶著些許得意的小表情想要接我的話時，婦女連忙擺手：「一般般啦！孩子嘛，有個愛好就可以了，也沒指望當畫家。幫他找點事情做，隨便畫畫吧。」

聽外婆說這話的時候，亮亮的大眼睛黯淡下去，不說話也不再讓我欣賞他的作品，扭捏著躲到婦女後面，也不看我們。

我連忙打圓場：「畫得挺好的，亮亮真棒，加油啊！」

婦女和亮亮的身影消失在遠方。我心裡不時浮現出亮亮那張失望的小臉和悄然黯淡的眼睛。得到了他人的讚美，卻得不

Part 2　「正確表揚孩子」的話
　　——高段位的表揚，才能帶來積極的能量

到外婆的認可。可見，亮亮當時的內心有多受傷！

　　我們在生活中或許會發現這樣一個現象：帶著孩子上街、逛商場玩耍時，身邊的人總會誇自己家孩子兩句，有誇外表可愛的、有誇聰明活潑的、有誇才藝出眾的、有誇懂事乖巧的等，五彩斑斕的誇獎總是能令小朋友兩眼放光，卻總會迎上父母的一番委婉而謙虛的客套話。

　　大多數家長往往認為，孩子不能多誇，要謙虛一點，要收斂一點，這樣才不會驕傲。所以，面對其他人的誇讚，他們經常會給予謙虛的回答，過於否定自己的孩子。「不行、差遠了、普通、勉強」等字眼，總是會成功地熄滅孩子滿滿的自信，在孩子渴望被讚揚的內心潑上一盆涼水。

　　長久下去，孩子就會信以為真，認為自己無論怎麼努力都還只是「普通」、「不太好」、「差得遠」的狀態，就會因此而否定他們自己，從而形成對自己的一種自卑，這種影響對孩子是一輩子的。

　　其實，孩子有著很強的自尊心，他們都希望獲得讚揚，不希望被批評，特別是不希望在眾人面前被批評。所以，對於他人的稱讚，如果你認同，就可以真誠地回一句「謝謝」，適當地附和一下對方的讚賞；就算你不認同，也不要當面糾正，更不能當面說孩子的缺點。

　　上文中的亮亮外婆如果回答：「這段時間他畫畫比之前更

努力了,看起來是真的進步多了!」用描述進步的語言替代「亞洲式謙虛」,就能帶給孩子足夠的信心和勇氣,去迎接更大的挑戰。

Part 2 「正確表揚孩子」的話
——高段位的表揚,才能帶來積極的能量

Part 3
「適度批評孩子」的話
── 有一種傷害叫做「看看別人家的孩子」

Part 3 「適度批評孩子」的話
——有一種傷害叫做「看看別人家的孩子」

有一種傷害叫做「看看別人家的孩子」

　　小時候，爸媽口中的「別人家的孩子」是我們特別討厭的一個人，帶給我們不小的壓力。如今成為父母的我們，是不是也繼承了曾經厭惡至極的「光榮傳統」，經常向我們的孩子發起「別人家的孩子」的攻擊，耳提面命地要求孩子向「榜樣」學習？是不是背棄了曾經許下「將來我的孩子，一定不讓他去和別人家的孩子作比較」的誓言？

　　珞珞：「媽媽，我這次國語考了95分！」

　　珞珞媽媽：「很好，但是不要驕傲哦，優秀是沒有止境的。妳看隔壁軒軒就一直很穩定，總是98分以上。」

　　可能，在珞珞媽媽看來，這種「激將法」、「打擊式教育」不僅能夠激勵珞珞奮勇向前，而且能夠預防她驕傲自大，不思進取。實際情況呢？「別人家的孩子」在每一個孩子的心裡都是魔咒一樣的存在，讓孩子壓力重重。珞珞聽到媽媽這句話時，更多的是沮喪、是氣餒：「我已經很努力了，還是沒有軒軒成績好，可能是我真的太笨了。」這會直接導致珞珞越來越不認可自己。

　　高EQ的父母絕不會藉「別人家的孩子」來打壓自己的孩子，他們認為，孩子是需要鼓勵的，他的每一個細小變化、每一點輕微進步都應予以及時肯定，因為這裡面包含的是他小小的堅

有一種傷害叫做「看看別人家的孩子」

持和努力。「哇,真棒!我就說嘛,沒有學不好國語的孩子!只要抓住基礎,堅持練習閱讀,一定會越來越好的。」如果珞珞媽媽這麼回應珞珞,是不是更好呢?

曉嵐的媽媽和佳佳的媽媽是好朋友,因為兩家人住在同一個社區,所以,兩個孩子從小就在一起玩耍、一起上學,形影不離,關係特別好。

可是,自從上了國中以後,兩個孩子的關係就變得有些疏遠了。原來,這是因為曉嵐的成績特別好,尤其是國文,她的作文分數總是全班第一,經常被老師當作範文。而佳佳的國文成績卻是班上倒數,她對寫作文極其反感。

佳佳媽媽總是喜歡拿曉嵐和佳佳對比:「妳說妳,從小就和曉嵐一起,妳怎麼就不如人家呢?和班上作文寫得最好的人是朋友,自己作文卻寫得這麼爛,妳不覺得不好意思嗎?」佳佳聽了,心裡非常不舒服:「我數學成績還比曉嵐好呢,妳怎麼不說?」

後來,兩個小朋友在一起玩的時候,佳佳變得越來越自卑、越來越敏感了,總覺得曉嵐也在看她的笑話,背地裡也在羞辱她。慢慢地,佳佳開始疏遠曉嵐,總是一個人悶悶不樂地上課下課,放學回家也不再找曉嵐玩了。

每個孩子都有自己的優點和弱點,高 EQ 的父母從來不會用「別人家的孩子」的強項對比自己孩子的弱項。這不僅會損害

Part 3　「適度批評孩子」的話
　　　──有一種傷害叫做「看看別人家的孩子」

孩子的自尊心和自信心，還會對孩子之間的友誼產生不利的影響，比如例子中的佳佳，就刻意疏遠了自己的好朋友。其實，佳佳媽媽可以鼓勵佳佳用行動向曉嵐學習，比如：邀請曉嵐來家裡一起寫作文，跟曉嵐討論平時都看什麼課外書等。

「每個自卑的孩子背後都有一個故事，幾乎所有問題都來源於童年時家長對孩子的指責、評判，尤其是比較。也許你隨口一句『你怎麼就不如人家』發洩了自己當時的情緒，殊不知在孩子的心中烙下了深深的陰影。」一位兒童心理教育專家如是說。

父母與其浪費時間和精力羅列「別人家的孩子」的好來打擊自己的孩子，不如蹲下來抱抱孩子，跟孩子好好說說話、聊聊天，找出原因，提出方法，盡最大努力去幫助孩子，共同向未來出發！

反覆批評不管用？簡短描述問題就好了

當孩子做錯事情時，有的父母經常會一次、兩次、三次，甚至四次、五次對孩子重複同樣的批評，覺得批評的次數越多孩子的記憶越深刻。那麼，這些父母一定沒聽說過「超限效應」。刺激過多、過強或作用時間過久，都會引起接受者的不耐煩或反抗心理，這就是心理學上的「超限效應」。

反覆批評不管用？簡短描述問題就好了

一次，美國著名作家馬克·吐溫到教堂聽牧師的募捐演講。最初，他覺得牧師講得很好，令人感動，就準備捐出自己身上所有的錢。過了十分鐘，牧師還沒有講完，他有些不耐煩了，決定只捐一些零錢。又過了十分鐘，牧師還沒有講完，他決定一分錢也不捐。

牧師終於結束了冗長的演講！開始募捐時，馬克·吐溫由於氣憤，不僅未捐錢，相反，還從盤子裡拿走了 2 美元。

無論是正面刺激還是負面刺激，刺激過多，神經就會麻痺，相同的刺激就不再具有效果。批評也是相同的道理。過多的批評，會使孩子從最初的內疚、不安到不耐煩，最後反感、討厭。家長對孩子的批評不能超過限度，應對孩子「犯一次錯，只批評一次」。這樣，孩子才不會覺得自己被「揪住不放」，厭煩心理、反抗心理也會隨之減低。

反覆的批評就如同貼到牆上的「記過簿」，會把孩子的缺點固化下來，使孩子難以和那個缺點剝離開來。被批評的次數多了，孩子的自信心和自尊心就會崩塌。如果長期被負面的話語刺激，會給孩子造成自己就是壞孩子的認知誤導，有可能還會把孩子逼上歧途，走向犯罪。

有一個男孩，在他 15 歲的時候進了少年輔育院。人們都認為他是一個很壞的孩子，後來一個記者了解了一下他的成長經歷，覺得這個孩子其實挺可憐的。

Part 3　「適度批評孩子」的話
——有一種傷害叫做「看看別人家的孩子」

起初,這個男孩只是有些頑皮,但是常常受到爸爸的打罵,在班上也常被老師當著全班同學的面狠狠地責備、諷刺、嘲笑。慢慢地,他開始處處與老師作對,不久就被校長點名批評,回家後他再次被父母打罵。在這樣的惡性循環中,這個男孩最後淪為了罪犯。

「一個孩子在成長中沒有遇到一點愛的溫暖,卻總是遭遇充滿惡意的批評,試問他怎麼能改掉自己的壞毛病呢?」這個記者在後來的報導中寫道。

事實上,父母對孩子沒有必要有錯必究。孩子的年齡尚小,認知能力、思維水準、自我控制能力有限,犯一些小錯誤是難免的,也是情有可原的。其實,錯誤是否可怕,取決於我們對這個錯誤的認知,當你覺得這個錯誤可怕到無法原諒的程度,那麼你的言行就會變得不可控制,就有可能會做出過度的批評,傷害到孩子。

一旦被批評,孩子就會難過,內心就會產生波動。受到重複批評時,他心裡會嘀咕:怎麼老是這樣對我?這樣一來,孩子挨罵時的心情就無法復歸平靜,犯錯違規的衝動沒有化解,反而被壓抑,成為一種心理癥結,削弱了孩子的防禦能力,反抗心理就會產生。

為避免這種超限效應的出現,建議家長對孩子的批評要適度,不要嘮叨起來就沒完沒了。最好是用簡短的語言說出麻煩

所在，引導孩子去解決問題。

比利又在看電視，不去遛狗。你覺得爸爸應該怎麼說更有效呢？

Ａ：「遛狗，遛狗，遛狗，我說過多少遍了！每天遛狗，你永遠都記不住，是吧？當初你答應得好好的，我們有了小狗，你負責每天帶牠散步。但這星期已經提醒你三次了。你整天都不去遛狗，我和媽媽輪流來幫你弄，都變成我們的工作了，你就不應該養寵物。」

Ｂ：「比利，我看見小狗在抓門呢？」

我們來看第一種說話方式：長篇大論的指責、批評，和「永遠都記不住」的攻擊性字眼，還要連帶之前沒遛狗的事一起抱怨上，那麼孩子必然會產生牴觸情緒，而不太願意去做自己該做的事。明天、後天、大後天，比利可能依然會忘記遛狗，爸爸依然會嘮叨不斷、抱怨不斷，於是，親子關係變得越來越糟糕。

相反，如果換成第二種說法，沒有喋喋不休的說教，沒有滿是責備的嘮叨，爸爸只是用人稱代詞「我」，說出了自己看到的事情，而並沒有抨擊比利，這使得比利更能把精力集中在問題本身，而會立刻起身出去遛狗。畢竟對於所有人來說，接受提示比接受譴責容易多了。

所以，父母在批評孩子時一定要記住，分寸很重要。有效的批評真的不是越多越長就越好，而是越短越容易被記住越有效。

Part 3 「適度批評孩子」的話
—— 有一種傷害叫做「看看別人家的孩子」

如何有效批評？讓孩子聽懂很重要

成年人之間說話，有時候會使用一些約定俗成或特定情景下的簡略的表達語句，成年人和大孩子理解起來都沒有問題，可是對於學齡前的小孩子來說，就比較困難了。他們只能理解字面上的意思，而理解不了你話語背後的真實含義。孩子根本沒有聽懂你說的話，當然談不上是一次有效的溝通了。

爸爸和兒子一起走，兒子不想自己走了，伸著兩隻手說：「爸爸抱抱，爸爸抱抱！」

爸爸說：「你的腿呢？」

兒子低下頭，看看自己的腿，然後又抬頭伸著兩隻手說：「爸爸抱抱，爸爸抱抱！」

爸爸帶著不滿重複：「你的腿呢？」

兒子又困惑地低頭看看自己的腿，然後伸著手，帶著哭腔說：「爸爸抱抱，爸爸抱抱！」

很顯然，爸爸所說的「你的腿呢」意思是：你自己長腿了，就要自己走路呀。可是，幼小的孩子根本沒有這樣的理解力和領悟力，他認為爸爸就是在問「你的腿在哪裡」，於是他低頭看看自己的腿，看到自己的腿還在，就抬頭繼續求抱抱。他真的明白不了，「自己的腿」和「讓爸爸抱」之間有什麼關係。父子倆的溝通完全就是在兩個頻道上。

但是，這能怪孩子嗎？不能！因為過於單純懵懂無知的孩子真是沒聽懂爸爸在說什麼。怪就怪在爸爸的表達出現了問題，不夠精準。讓一個那麼小的孩子去理解成人規範的語言，不太可能實現。想要孩子聽話，你至少得讓孩子聽懂你說的話吧。

如果例子中的爸爸直截了當地對孩子說：「**寶寶也有腿，可以自己走路的哦！**」孩子肯定能理解爸爸的意思。所以，父母和孩子講話，注意要從「我告訴了孩子什麼」轉移到「孩子接收到了什麼」，多關注自己的措辭和用語。

我們對孩子做出批評，首先要保證孩子能夠聽懂我們的批評，如果孩子對於父母的批評懵懵懂懂，那麼無疑我們的批評就是無效的，說再多都只是在做無用功。

有一位媽媽，為3歲女兒早上起床拖拖拉拉不勝煩惱，每天上幼稚園都遲到。她每次晚了都問女兒：「以後還這麼慢吞吞的嗎？」女兒都會承諾：「以後再也不拖延了！」可是，第二天照舊拖拉，還是要遲到！

其實，3歲多的孩子，她承諾「不拖拖拉拉」的時候，只是為了讓媽媽高興，因為她知道媽媽需要她這樣的表態。對於小孩來說，「不拖拖拉拉」是一個非常籠統的概念，她的頭腦中，恐怕並不明確自己的承諾意味著一些什麼樣的行為。

如果，媽媽對孩子的要求是「鬧鐘一響就要穿衣服」，或者

Part 3 「適度批評孩子」的話
——有一種傷害叫做「看看別人家的孩子」

「早上不能在家裡玩玩具要直接出門」等這樣一些非常具體的行為，孩子就會明確得多，也知道自己到底該如何做。

其實，很多父母都沒有意識到孩子根本聽不懂你在說什麼，或者說他對父母話語中的一些詞彙完全沒有概念。例子中的「拖拖拉拉」就是這種情況。再比如：孩子想讓媽媽泡牛奶，而媽媽正在洗臉，第一反應會是：「等一下，媽媽洗完臉就來。」可是，孩子很難理解「一下」是多久，所以他還是會一直叨咕著「我要喝牛奶」。如果父母換一種相對準確的表達方式：「寶寶數到二十，媽媽就來了。」那麼孩子就可以很容易理解過多長時間媽媽會來，就不會不停地吵鬧了。

所以，父母平時對孩子說話，批評也好，鼓勵也罷，又或者是普通的聊天，一定要考慮到孩子的年齡和理解力，語言越精準越好，這不僅能確保孩子能明白你所表達的意思，提升親子溝通的有效性，而且，對於孩子的語言能力和思維能力也是一種很好的培養。

別用嘴說，用紙「說」

在批評孩子這件事情上，父母不能任性，想怎麼罵就怎麼罵，掌握技巧、選好方式才是成功教育的第一步！

兒子已經上小學了。老師打電話給媽媽，說兒子最近總是

遲到。媽媽沒有責怪兒子，只是溫柔地問他遲到的原因。兒子說他發現在河邊看日出太美了，看著看著就忘了時間。

第二天，媽媽一早就跟兒子去河邊看了日出。她說：「真是太美了，兒子，你真棒！」這一天，兒子沒有遲到。晚上，媽媽在兒子的書桌上放了一支好看的小手錶。下面壓著一張紙條：「因為日出太美了，所以我們更要珍惜時間和學習的機會，你說是嗎？愛你的媽媽」

有些父母的性格比較暴躁，就像炸藥，一點就著。看到孩子做錯事情，這類父母就會控制不住自己，一說話就情緒激動，批評傷人的話根本停不下來。等火氣消下去了，又後悔當時不應該對孩子那麼咄咄逼人。這種情況下，不妨換一種溝通方式，那就是別說話，給孩子來一個「紙上談兵」——寫便條。

親子溝通專家阿黛爾·法伯在其著作中曾提到這樣一位媽媽：她的櫥櫃上一直放著一疊便條紙和一枝鉛筆，因為，相比於張嘴三遍五遍地喊孩子做事來說，拿起筆來寫一些便條省力有效多了。寫便條的好處之一就是，不需要再大聲嚷嚷了，父母與孩子之間少了硝煙瀰漫和劍拔弩張。

下面是那位媽媽寫的一些便條：

親愛的比利：

從今天早上起，我就一直沒有出去過。讓我放鬆一下。

你的小狗：哈利

Part 3 「適度批評孩子」的話
——有一種傷害叫做「看看別人家的孩子」

請注意：

　　今晚講故事時間：8點30分，歡迎穿睡衣、刷過牙（劃重點：刷 —— 過 —— 牙）的小孩參加。

愛你們的爸爸、媽媽

　　有的父母可能會說「我家孩子太小，還不認識字呢」，其實，不必有這樣的擔心。不管孩子認不認識字，都按捺不住他們收到小便條的興奮。因為他們會感受到父母的重視，會覺得便條上的文字神聖而有趣。相信很多父母小的時候，也有在課堂上傳小紙條的經歷，都能體會收到紙條時小心翼翼和竊喜雀躍的心情。

　　現在很多孩子總是不整理自己的房間，這讓家長十分頭痛。經常是家長嘴皮子都快磨破了，孩子還是一動未動。「你的房間這麼亂，你快點收拾！你不收拾我們就不出去玩了！」家長發出的類似的包含了命令、否定詞彙的語句，極易引起孩子的反感，尤其是剛才這種說法，若孩子習慣了「你不××我就不××」的負面語言模式，不僅不利於積極情緒養成，孩子也會學會這種句式，與父母討價還價。

　　對於這種情況，我們可以參照上面那位媽媽的做法，請「便條」做個使者幫個忙！

親愛的依依：

　　妳的房間該整理了。需要收拾的地方如下：

1. 床上未疊的被子；
2. 地板上的髒衣服；
3. 電腦桌上的餅乾屑；
4. 窗臺上乾枯的花。

多謝！

愛妳的媽媽

也許有的家長會說，難道這樣做了，孩子就會完全配合嗎？親愛的家長，孩子不是機器人，你不能指望用一種方法或者說一套技能去完美解決千萬不同家庭裡不同孩子的不同問題。我們的目的是，找到一種語言、一種方法，建立一種情感的氛圍，在相互尊重的平臺上，在不傷害孩子自尊的前提下，鼓勵孩子與我們合作。

高階版「寫便條」，大寫加粗的服氣

前段時間在網上看到一位機智媽媽暑假留給兒子的便條，強悍到什麼程度，我們一起來感受一下吧：

房間裡，鍵盤劈里啪啦響著，孩子完全沉浸在電腦遊戲中。突然，螢幕一黑，電腦被鎖定了，孩子趕緊起身去客廳檢查路由器。指示燈閃著，一切都很正常。孩子急得抓耳撓腮，

Part 3 「適度批評孩子」的話
——有一種傷害叫做「看看別人家的孩子」

這時，他看到路由器邊上貼著一張紙條，嗯，是媽媽寫的。

親愛的兒子：

如果你看到了這張便條，一定是你的電腦出了問題，上不了網了。你不用打電話給網路供應商，也不用反覆檢視瀏覽器，沒用！只要按照我說的去做就行了：你先去街角那家中藥行幫爺爺抓藥，藥方就放在玄關櫃的鏡子下面。

看完紙條，孩子覺得這是精通電腦的媽媽給自己出的一個惡作劇。在遊戲的誘惑下，兒子準備照著媽媽的指示去做。

藥很快買回來了。孩子把藥遞給70多歲雙腿癱瘓多年的爺爺。看到孫子過來，老人家高興壞了，拉著孫子說個不停。確實，放假一個多月了，自己天天打遊戲，都沒跟爺爺說上幾句話。想到這些，孩子鼻子有點發酸，馬上找個理由離開了。把藥方放回抽屜後，孩子又看到了媽媽的第二張紙條：

藥買回來了吧？是不是覺得很累？但別忘記，你小時候，爸媽不在家，你發燒了是爺爺深夜跛著腳背你去醫院看病。第二個任務，去樓下超市幫奶奶買菜，兩斤馬鈴薯、半斤洋蔥和一棵白菜。記得，所有的收據都要收好。

提著沉甸甸的菜回到家，滿頭大汗的孩子看到奶奶正佝僂著身軀在廚房忙東忙西。那一刻，孩子發現奶奶比以前蒼老了好多。孩子替奶奶擦了擦汗，奶奶笑了。轉身的時候，孩子在廚房的收納櫃裡發現了媽媽的第三張字條：

孩子，你知道奶奶每天多辛苦了吧？我看你暑假作業還沒

高階版「寫便條」，大寫加粗的服氣

寫多少，作業是不多，但這絕不是你一直拖到假期快結束再匆忙做的理由。打開數學題本第 116 頁、第 118 頁和第 121 頁，今天完成這三道題吧。

孩子很聽話地從書包裡拿出暑假作業。一個多月沒碰書本了，孩子看著那些作業就像從沒見過一樣。做完作業後，孩子發現了媽媽的第四張紙條：

作業是不是看起來有點生疏了？如果你能意識到這一點，媽媽就放心了。最後一件事，收拾一下自己的房間。你把所有的東西都放回原位後，數一下架子上有幾張光碟，玩具箱裡有幾件玩具。

所有事情都處理完後，你重啟下電腦，介面會彈出一個視窗，需要你輸入密碼，依次輸入你所做的三道數學題的答案、藥店發票和超市發票上的金額，以及你房間中各種玩具和光碟的總數就可以了。我相信你一定能順利上網。

孩子看著自己的房間，玩具滿地亂扔，卡通光碟七零八落，真像狗窩一樣。收拾完之後，孩子真切地體會到了媽媽每天幫自己收拾屋子的辛苦。再打開電腦，果然有一個密碼輸入框，孩子慢慢輸入……螢幕一閃，電腦解鎖了。

看著熟悉的遊戲，孩子猶豫了一下，把遊戲關了，轉身走進廚房去幫奶奶擇菜了。

看完這位媽媽為兒子留的便條，相信你和我一樣，會情不自禁地手動為這位充滿智慧的高 EQ 媽媽點讚！媽媽沒有歇斯底

101

Part 3 「適度批評孩子」的話
―― 有一種傷害叫做「看看別人家的孩子」

里的吼叫，孩子也沒有被迫做事的不愉快感，雙方在紙上完成了一次完美的溝通。

正所謂「愛不需要理由，但是愛需要技巧」。在對待孩子的教育方面，我們確實應該向這位媽媽學習，慢慢地走進孩子的心裡，了解孩子的想法，用引導的心態和方法去做。我們改變一點點，孩子就可以前進一大步。

「育子七不責」，對眾不責排首位

在家庭教育中，父母責備犯錯的孩子，這無可厚非，重點是你選擇在什麼樣的環境下責備孩子。如果是公共場合，建議還是收手為好，給孩子的自信自尊留條活路，行嗎？

有不少家長可能都在大街上看到過這樣的場景：一個在前面「暴走」的家長和一個在後面哭鬧的孩子，家長不停地訓斥，孩子不停地哭。這種「當面教導孩子」的情景總是出其不意地出現在人們的視野中，任誰看了都覺得心裡不舒服。不過，最不舒服的恐怕就要數孩子了。

在美國，家長從不會在外人面前訓斥孩子不爭氣。他們認為這樣是一種犯罪，因為對孩子的當眾指責會極大地傷害孩子的自尊心。他們信奉英國哲學家洛克的一句名言：「父母不宣

揚子女的過錯，則子女對自己的名譽就越看重。孩子覺得自己是有名譽的人，因而會更小心地維護別人對自己的好評；若是當眾宣布孩子的過失，使其無地自容，他們越會覺得自己的名譽已經受到了侵犯，設法維護別人對自己好評的心思也就越淡薄。」

確實，在公共場合教育孩子真不是一件妥當的事情。不但親子之間的矛盾公開會招來周圍人的側目、圍觀，讓孩子感覺很沒面子，還可能會讓孩子對父母心懷不滿甚至心生怨恨，嚴重影響父母與孩子之間的感情。

我們都希望得到別人的認可，沒有人願意別人看見自己的不足和缺點，這是人的本性，孩子也一樣。對於那些自尊心極強的孩子來說，父母當眾訓斥自己，簡直是一種莫大的侮辱，令他們難以接受，甚至可能會引發一些悲劇。

洋洋今年12歲，性格內向，不太愛說話，平時很少和同學交流，成績在班上屬於中等水準。

有一次，洋洋媽媽來學校開家長會，老師跟媽媽說，洋洋的成績最近有些退步。老師的話還沒說完，媽媽就大聲喝斥起了洋洋：「怎麼成績又退步了，不是回到家一直在看書嗎？你怎麼就這麼笨呢？」同學們迅速圍到了老師的辦公室前，竊竊私語。洋洋拉了一下媽媽的衣服。

「怎麼，還怕別人笑話呀，怕人說你就好好讀書呀！」媽媽

Part 3 「適度批評孩子」的話
——有一種傷害叫做「看看別人家的孩子」

還是一個勁兒地說著。洋洋沒等媽媽說完,自己跑出去了。

從那以後,洋洋變得更加內向了,總覺得同學們在背地裡討論他,覺得同學們都瞧不起他,成績也一落千丈。最可怕的是,洋洋心裡開始對媽媽充滿怨恨。

家長總覺得在眾人面前訓斥一下孩子,不是什麼大不了的事情。但是,對孩子來說,這卻是天大的事情。他們在很長一段時間內都會處於擔心和害怕的狀態中,害怕同學們從此用一種異樣的眼光看自己,擔心自己在同學面前抬不起頭等等。時間久了,孩子就容易變得敏感多疑。

有些家長因為孩子在公共場合哭鬧、提要求,覺得很沒面子,一時急躁就訓斥了孩子。可是這樣做基本上毫無效果可言,不僅沒有維護好家長的面子,還會和孩子之間形成距離和怨恨。這種批評方式不是缺乏愛,而是缺乏尊重;不是缺乏才智,而是缺乏 EQ。

批評不僅僅是一種手段,更應該是一門藝術,一種智慧。為人父母,針對孩子的過失進行教育時,可參照明代思想家呂坤的「育子七不責」。這些老祖宗流傳下來的經驗與智慧,有很多值得我們借鑑的地方。

1. 對眾不責:在大庭廣眾之下不要責備孩子,要在眾人面前維護孩子尊嚴。

2. 愧悔不責:如果孩子已經為自己的過失感到慚愧後悔了,

大人就不要責備孩子了。

3. 暮夜不責：晚上睡覺前不要責備孩子，此時責備他，孩子帶著沮喪失落的情緒上床，要麼夜不成寐，要麼噩夢連連。

4. 飲食不責：正吃飯的時候不要責備孩子，這個時候責備孩子，很容易導致孩子脾胃虛弱。

5. 歡慶不責：孩子特別高興的時候不要責備他。人高興時，經脈處於暢通的狀態，如果孩子忽然被責備，經脈就會立刻憋住，對孩子的身體傷害很大。

6. 悲憂不責：孩子哭的時候不要責備他。

7. 疾病不責：孩子生病的時候不要責備他。生病是人最脆弱的時候，孩子更需要父母的關愛和溫暖，這比任何藥物都有療效。

最受歡迎的批評方式

1999年10月，各國教師和學生在日本東京舉辦了一場聯歡活動，二十個國家和地區的208位教師和202名學生參加了這個活動。聯歡活動中的一項活動要求參與者評選出自己最受歡迎的教育方式。主持人設計了一個問題，要求所有教師都做出簡單回答。

這個問題是：

Part 3 「適度批評孩子」的話
　　　　——有一種傷害叫做「看看別人家的孩子」

　　18 歲的大傑克和小傑克是一對雙胞胎，由於他們家離學校較遠，於是父母替他們配了一輛小型汽車作為交通工具，讓他們開車上學、回家。而兄弟倆由於晚上貪玩，睡覺太晚，第二天醒不來，經常遲到，雖經多次批評，還是我行我素。有一天上午考試，儘管老師事先警告他們不准遲到，但因在路上玩耍，他們還是遲到了三十分鐘。老師查問原因，他們謊稱汽車在路上爆胎，到維修店補胎誤了時間。老師半信半疑，但沒有發作，讓他們進教室後就悄悄到車庫檢查他們的汽車，發現四個輪胎都蒙著厚厚的灰塵，沒有被拆卸的痕跡。很明顯，補胎是他們編出來的謊話。

　　問：假設你是傑克兄弟的老師，你將怎麼處理？

　　208 位教師認真思考，積極作答，都在規定的半小時內交上了答卷。主持人經過認真分析整理，從 208 份答卷中歸納出二十五種處理方式。其中主要的方式如下：

- 中國式：一是當面進行嚴肅批評，責令寫出檢討；二是取消他們參加當年各種獎項比賽的資格；三是報告家長。
- 日本式：把兄弟倆分開詢問，對坦白者給予讚揚獎勵，對堅持謊言者嚴厲處罰。
- 韓國式：把真相告訴家長和全體學生，請家長對孩子嚴加監督，讓全班學生討論，引以為戒。
- 新加坡式：讓他們自己打自己的嘴巴十下。

最受歡迎的批評方式

- 美國式：對兄弟倆說：「假設今天上午不是考試而是吃冰淇淋和熱狗，你們的車就不會在路上爆胎吧。」
- 英國式：小事一件，置之不理。
- 俄羅斯式：對兄弟倆講一個關於說謊有害的故事，然後再問他們：「近來有沒有說過謊？」
- 埃及式：讓他們向真主寫信，向真主敘述事情的真相。
- 巴西式：半年內不准他們在學校踢足球。
- 以色列式：提出三個問題，讓兄弟倆分別在兩個地方同時作答。這三個問題是：a. 你們的汽車爆的是哪個胎？ b. 你們在哪個維修店補胎？ c. 你們付了多少錢的補胎費？

之後，活動主持者把二十五種處理方式翻譯成幾種語言文字，分送給參加活動的 202 名學生，請學生們評選出自己最喜歡的處理方式。結果，91% 的學生選擇了以色列的處理方式。

絕大部分學生喜歡的方式，就是批評教育的最好方式！以色列的方式為什麼受歡迎？因為它的批評教育帶有遊戲性質，學生不怕、不難堪。可見，最受學生歡迎的教育，應該是在遊戲之中的教育。

這個例子告訴我們，家長批評孩子的方式很重要。將直接的言語批評變為遊戲性、故事性的引導，孩子就比較容易接受並會認真改正。比如：利用角色扮演的遊戲，讓不愛分享的孩

Part 3 「適度批評孩子」的話
——有一種傷害叫做「看看別人家的孩子」

子扮演廚師跟大家分享好吃的；向愛撒謊的孩子講「狼來了」的故事，讓他了解到誠實的重要性……

除了這種方法之外，家長也不妨試試另一種既能幫助孩子改正錯誤，又不挫傷孩子自尊心的批評方式——用「表揚」來表達你的批評。

前幾天，6歲的女兒笑笑在盥洗的時候一邊刷牙一邊看書，我讓她要專心刷牙，結果被她回了一句：「爸爸，你不是也在洗腳的時候看書嗎？」我愣了愣，當時非常生氣，真想上去把書奪過來；笑笑看到我真的生氣了，很不情願地放下書去刷牙了。

過後我反思了一下自己，這是唯一的辦法嗎？這是我要得到的結果嗎？肯定不是！我要找到其他辦法。批評不行，那表揚呢？我決定下次試試。

過了幾天，笑笑又故伎重演。我很平靜地對她說：「笑笑真努力，在刷牙的時候也不忘讀書。如果妳能先把牙刷好，然後一心一意地讀書的話，效果會更好哦。」笑笑聽到後，先是有些不好意思，接著放下書專心刷牙去了。過後，笑笑還悄悄地跟我說：「爸爸，以後我一定不一邊刷牙一邊看書了。」

小孩子都喜歡被表揚，一得到表揚就樂不可支，因此，幫助孩子糾正缺點的最好方法就是在表揚的基礎上批評，趁著孩子高興的時候，指出孩子的不足，讓孩子在正確與錯誤的對比中，自覺地感到不好意思。於是，他們就會欣然地改正錯誤了。

要想使批評達到好的效果，父母一定要學會理解孩子、容忍孩子的錯誤，不要直接批評孩子，而是要慢慢引導他們，說出麻煩所在，並提出可能的解決方法。只要運用有效的批評方式，你就會收到意想不到的效果。

給批評加點「調味料」

蘇聯詩人米哈伊爾・斯維特洛夫教子的故事一直在教育界廣為流傳。

某一天，斯維特洛夫回到家，發現兒子坐在沙發上得意地吐著黑黑的舌頭，而家裡人則慌作一團，他們一人拿一部電話，都在向醫院請求急救。原來是小兒子舒拉異想天開地喝了半瓶墨水！

看到父親回來，兒子舒拉還衝父親做了個鬼臉。斯維特洛夫明白：舒拉一定是想以此成為全家的焦點。喝下的那種墨水不至於讓孩子中毒，所以用不著驚慌。而現在正是教育舒拉的好時機！

於是，他問舒拉：「你真的喝了墨水？」舒拉沒回答，他仍舊得意地坐在那裡繼續伸出黑黑的舌頭。父親一點也不惱火，而是從屋裡拿出一疊吸墨紙，對小兒子說：「我也沒什麼好辦法，只能請你把這些吸墨紙吞下去，讓它們把墨水吸出來！」

Part 3 「適度批評孩子」的話
——有一種傷害叫做「看看別人家的孩子」

舒拉看父親似乎識破了自己的陰謀,便紅著臉,承認了自己的錯誤。

一場虛驚就這樣被教育家一句幽默的話沖淡了,「危機」在家人的嬉笑聲中結束。此後,舒拉再沒犯過類似出風頭的錯誤。

孩子,尤其是男孩子,有時會故意打破常規做出異常的舉動。通常,他們是想證明自己勇敢,並希望以此引起別人的注意。

此時,如果父母採用「硬碰硬」的簡單方式,孩子很可能會變得更加蠻不講理。遇到這種情況,做父母的最好藉助幽默,用輕鬆的口吻指出他不通情理之處,使他明白自己的錯誤所在,從而達到教育孩子的目的。

女兒在寫作文時總是會出現好多錯別字,我向她指出來,她還一副不以為然的樣子。我就對她講了一個小笑話:「有個人很愛寫錯別字,常把『歌』寫成『喝』。他在一篇日記裡這樣寫道:班長指揮我們抬大糞,大家幹得很起勁,誰都不敢喝一喝。後來我們實在有些累,就背著班長偷偷喝了喝……」

女兒聽完,哈哈大笑的同時,也馬上明白她就像故事中的那個錯別字大王一樣,她下決心,一定要把寫錯別字這個壞習慣改過來。

孩子的想法可能會跟父母不一樣。很多時候孩子在學校或夥伴那出了洋相,對成年人來說,可能一笑置之;可對孩子來

說,那是世界末日——他的臉丟大了,也許他整天都在考慮該轉學了。

這時候,父母在安慰時加入幽默或自嘲的「調味料」,跟孩子回憶自己童年時代出醜的事,告訴他們當時自己的心情和別人的評論,讓孩子意識到:類似的事情也曾讓身為父母的我們覺得痛不欲生,猶如世界末日,可是,現在我們還不是過得好好的?父母的自嘲和幽默既能讓孩子放鬆了心情,也會讓孩子對未來抱有信心。

父母在培養孩子的過程中適當運用幽默感,不僅可以緩解父母和子女之間發生衝突時的緊張氣氛,還可以將幽默感漸漸傳染給孩子,讓孩子學會幽默輕鬆地面對人生。

Part 3 「適度批評孩子」的話
　　　　——有一種傷害叫做「看看別人家的孩子」

Part 4
「有效懲罰孩子」的話
—— 讓孩子失去犯錯的勇氣,是最失敗的教育

Part 4 「有效懲罰孩子」的話
　　　——讓孩子失去犯錯的勇氣，是最失敗的教育

美國家長管教法：不發脾氣的「Time-Out」

　　梅麗莎家裡有兩個孩子，4歲的姐姐和1歲的妹妹。姐姐漢娜常常會大發脾氣亂扔東西，或者在爭搶玩具時咬人。有一次漢娜故意把妹妹推倒了，還狠狠地在妹妹的手臂上咬了一口，妹妹痛得哇哇大哭。

　　這時候，梅麗莎聞訊從廚房出來，看到漢娜咬了妹妹，二話沒說把她抱起來，放到浴室，說：「妳需要冷靜一下！」然後梅麗莎拿出一個計時器，調到四分鐘，放在浴室門邊，接著轉身回廚房繼續忙碌。

　　漢娜坐在浴室的小椅子上，低聲抽泣著。四分鐘後，計時器響了，漢娜也不再哭了。這時候梅麗莎走過來，問：「妳知不知道自己做錯了什麼？」漢娜點點頭說：「我不應該咬妹妹。」「很高興妳明白了自己的錯誤。」梅麗莎抱起漢娜和她認真地聊了聊，並親吻她。漢娜從浴室出來，不僅歡天喜地地跟妹妹玩起來，還有意識地保護起妹妹來。

　　梅麗莎在漢娜咬哭妹妹之後，沒有對漢娜發火，僅僅只是一句「妳需要冷靜一下」，事情就得到了完美的解決。梅麗莎採用的方法就是「計時隔離」（Time-Out），和中國古代的「面壁思過」（或者說「關禁閉」）非常類似，就是將出現問題行為的孩子暫時關閉在一個安靜的地方待幾分鐘。

美國家長管教法:不發脾氣的「Time-Out」

為什麼「Time-Out」能產生教育的作用呢?美國著名教育學家簡‧尼爾森在他那本暢銷了四百多萬冊的《溫和且堅定的正向教養》一書中寫道:

計時隔離,是一種能夠快速幫助孩子(和父母)平靜下來,並一起解決問題的極其有效的方式。因為,現實中當我們心浮氣躁時,我們就無法運用自己大腦中負責理性和平靜的那一部分,所以,一種積極的——非懲罰性的——「暫停和隔離」可以對每個人都有幫助。

當孩子犯錯,如果用肢體暴力或者冷暴力去懲罰孩子時,「懲罰」會使孩子為他做過的事情遭受精神和身體上的雙重痛苦。而且,實際上也並不會鼓勵他有好的情緒為他將來的行為做出好的決定。但如果用「Time-Out」,讓孩子和你冷靜下來,在冷靜中接通大腦裡的理性部分,這樣的方式就是積極的。因為,當孩子感覺到鼓勵和愛時,他就會學著自我控制,基於責任感做出積極的決定。

「計時隔離」是美國父母常用的一種懲罰方式,它會使孩子暫時不再得到他人的注意,更無法得到想要的東西。因為沒有暴力,並且實用有效易操作而備受推崇。當然,要取得好的教育效果,父母還必須注意以下幾個問題:

■ 「計時隔離」適用於 3～12 歲兒童的不良行為矯正

3 歲前的孩子由於心智尚未成熟,理解能力有限,這種方法

容易造成小寶寶的誤會，以為父母不愛自己了，對孩子造成心靈創傷；12歲後的孩子進入叛逆期，有很強的自主意識，需要理解、民主和尊重，這種方法會傷害孩子的自尊，以致孩子的反感和強烈牴觸。

「計時隔離」主要適用於孩子出現破壞性的問題行為，比如發脾氣、摔東西、打架、罵人、搶東西等。對於一些輕微的問題行為，比如沒有收拾玩具，沒有按時寫完作業等，則不適宜採用這種方法。

隔離時間並不是越久越好

「計時隔離」的時間應依據孩子的年齡不同而採取不同的時間。通常，3歲以上的寶寶，以三分鐘左右為宜，每大1歲增加一分鐘，上限是十分鐘。最好用計時器，把它放在孩子可以看到或聽到但拿不到的地方。時間一到，即使孩子不認錯，也應該結束，再想其他教育方法。

隔離地點的選擇大有學問

選擇隔離的地方要既安全又無聊，比如廁所。傳統意義上的「小黑屋」絕對不可以，因為會使孩子產生恐懼心理，不利於他們冷靜下來。一般情況下，安靜枯燥的角落比較適合，只放一張孩子可以坐的小凳子，其他什麼都沒有。

■ 「計時隔離」期間父母的心態語氣要平和

讓孩子「計時隔離」期間，父母不要帶任何的負面情緒，不能責罵毆打，更不能大叫大嚷，否則孩子會以為大吼大叫才是父母採取的主要懲罰手段。父母可以用簡單的語言平靜地告訴孩子要被隔離，比如：「你剛才動手打了奶奶，現在到隔離間去，三分鐘後再出來。」但一定不要否定孩子，給孩子貼上「壞孩子」的標籤，「你對奶奶大吼大叫，你真是個不禮貌的孩子」。這種糟糕的說法不僅會讓「計時隔離」失去教育效果，還會導致孩子產生自卑感。

隔離結束，孩子冷靜下來之後，父母需要蹲下來跟其講道理，讓孩子知道自己的錯誤，並且說出正確的解決方法。父母和孩子的情緒都穩定之後，溝通起來就容易多了。如果孩子能主動認錯，父母也別忘了給予一定的口頭表揚，或者一個擁抱，並告訴孩子「我依然愛你」。讓孩子真實地感受到，雖然父母對自己剛才的行為不滿意，但是父母對我的愛，永遠沒有因此而改變。

懲罰的語言中，請去除「你」字

一個 5 歲的小男孩想喝牛奶，但他的母親在浴室洗衣服，於是他決定自己去廚房的冰箱裡拿。冰箱太高了，小男孩根本

Part 4　「有效懲罰孩子」的話
　　——讓孩子失去犯錯的勇氣，是最失敗的教育

　　搆不著，他搬來一把椅子，踩在上面，左手扶牆，伸出右手去拿大瓶子的牛奶，卻沒有拿穩，手一鬆，整瓶牛奶都打翻在地上。牛奶淌了一地，幾乎整個廚房的地面上都是。他的母親聞聲而來。

　　然而，他的母親並沒有發火，沒有說教，更沒有懲罰他。她說：「好漂亮的牛奶海洋啊！我從來都沒有見過，真有意思啊！」小男孩懸著的一顆心終於落地了。

　　「反正已經灑在地上了，在我們收拾乾淨之前，你想玩一會兒嗎？我想！玩牛奶說不定也是很有意思的。」小男孩興致勃勃地玩起了牛奶。

　　幾分鐘過後，他的母親說：「牛奶灑了，需要收拾乾淨。現在，我這裡有海綿、抹布和拖把，你想用什麼？」這個小男孩選擇了海綿。他們一起將地上的牛奶收拾得乾乾淨淨。

　　接著，他的母親又說：「剛才你拿牛奶瓶沒拿住，這說明你還沒有學會如何用一雙小手拿一個大奶瓶。現在，我們到院子裡去，在一個瓶子裡裝滿水，看看你能不能發現一個很好的搬運方法，使瓶子不會掉落到地上。」

　　這個小男孩透過反覆實踐，知道要用雙手握住靠近瓶口的地方，這樣瓶子在搬運過程中就不會掉下來。

　　這是多麼生動而又內容豐富的一課啊！

　　這是教育家史蒂芬・格林小時候的故事，他在家庭心理學、教育領域的多個方面都有很大的突破。這位著名的教育家

後來回憶說，正是從那個時候起，他明白了無須害怕犯錯。犯錯，只是說明你還有需要改進的地方，錯誤往往是學習新知識的開始。

孩子犯錯是常事，家長如何對待特別重要。這個時候，孩子已經處於情感受挫的狀態，如果家長再施以情緒化的處理方式，火冒三丈，厲聲指責，就會讓孩子失去犯錯的勇氣，同時失去成長的機會。

慶幸的是，例子中史蒂芬‧格林的母親並沒有這麼做，她先是站在格林的角度去體諒他，給予他情感上的支持，「好漂亮的牛奶海洋啊！」、「在我們收拾乾淨之前，你想玩一會兒嗎？」讓他「爬出」這份受挫情感。等到格林的情感平復了，母親才平靜地描述出問題，陪他一起收拾，教會他要勇於承擔自己的責任，學會擔當。最後母親又教他怎麼做就不會再次出錯，從而吸取教訓，下次規避。

這樣一來，孩子以後做事就不會畏首畏尾，害怕出錯，會充滿信心和勇氣去不斷嘗試。儘管有時還是會出錯，但他都學習用「心平氣和」的心來看待，並勇敢地「自我承擔」所做的一切。

當孩子犯錯後，如果父母不是單純地指責和埋怨孩子「做了什麼」，而是使用描述性的語言，描述自己所看到的問題，就可以讓孩子把注意力集中在「該做什麼」上。

需要強調一點的是，父母在使用描述性的語言時，也要注

Part 4 「有效懲罰孩子」的話
—— 讓孩子失去犯錯的勇氣，是最失敗的教育

意措辭上的小細節。如果上面例子中把媽媽的話「牛奶灑了，需要收拾乾淨」換成「你把牛奶灑了，需要收拾乾淨」，仔細感受會發現，加上「你」字之後，會讓孩子覺得被埋怨，容易誘導出他的牴觸情緒。

人非聖賢，孰能無過。人都是在錯誤中、挫折中、失敗中堅強和成長起來的，所以家長千萬不要因為自己處理不當而讓孩子在擁有最多可能性的年紀，因不敢犯錯而原地踏步，最終在平淡與平庸中度過一生。

我們可能不是天才，但可能是天才的父母。薩提爾說：「讓孩子失去犯錯的勇氣，是最失敗的教育。」這句話真的很有道理，送給每一位父母。

給責備加層「糖」，「但是」來幫忙

剛吃完飯，爸媽都在電視機前看電視，8歲的阿雅拿著小凳子，走進廚房。她把凳子放在地上，自己站在凳子上開始洗碗。可是，剛拿起第一個碗準備洗，阿雅由於沒有站好，就從凳子上摔了下來，碗也摔碎了。媽媽聞聲趕來，看到碎掉的碗劃破了阿雅的手。

「不是說了，讓妳不要去洗碗嗎？妳怎麼還去洗呢？看吧，這下受傷了吧！」媽媽因為心疼阿雅，略帶生氣地責備起了她。

給責備加層「糖」，「但是」來幫忙

結果阿雅聽到媽媽的責備後哭了起來。媽媽也開始意識到自己可能說錯話了。「阿雅不哭了，媽媽很高興妳能幫忙，但是妳也得注意安全，對不對？」阿雅哭著點了點頭。

有人說，孩子是天生的創造者，也是天生的破壞者，這話一點也不假。很多時候，孩子總是急切地想去做好一件事情。可是，孩子的能力畢竟是有限的，因此，經常是好心辦壞事。這時候，父母該怎麼辦呢？

父母都是愛孩子的，這點毋庸置疑。父母責備孩子也是出於對孩子的愛，可是孩子對於愛的接受卻是選擇性的。那麼，怎麼樣才能讓孩子在好心辦壞事接受批評的時候，也感受到來自父母的愛呢？很明顯，阿雅媽媽第二次的話就做到了這點：先肯定孩子的好意，再用「但是」作為轉折，說出自己的擔心和叮囑。

父母在責備孩子的時候，真的不必非要吹鬍子、瞪眼睛，不發脾氣、不動肝火，替責備裹上一層「糖」，讓孩子先嘗到甜頭，然後再指出孩子的錯誤，這樣孩子更容易接受，親子關係也更和諧。

大多數孩子努力去表現都是為了能得到父母的誇獎。雖然，有時候的努力並沒有得到相應的結果，甚至還帶來了意想不到的壞結果，但孩子的出發點還是好的。如果父母只是一味地責備孩子，就會讓孩子覺得很委屈，覺得父母是不愛自己的。相

Part 4 「有效懲罰孩子」的話
──讓孩子失去犯錯的勇氣,是最失敗的教育

反,如果在責備孩子的同時,能看到孩子是出於好心,表揚一下孩子的好心,孩子就會很高興,而且下次再去做同樣事情的時候,一定會小心翼翼不再犯錯。

有一天,我下班回到家,桐桐就乖乖地幫我準備好了拖鞋,還將我的公事包接過去,替我放好。我不知道這小丫頭腦子裡在搞什麼鬼,露出了微笑。

見我露出笑容,桐桐才小聲地對我說:「爸爸,我們家的小魚好像撐著了,肚子都脹了。」說完,就低下了頭。

我去魚缸那邊看,發現裡面的金魚都翻肚皮了,魚缸裡的水變得又白又稠,魚缸旁邊還有幾個牛奶盒子。我知道是怎麼回事了,桐桐肯定是將牛奶倒進魚缸,導致這些魚全部「遇難」。

說實話,當時我很生氣,笑容也被我收起來了,嚇得桐桐直往沙發角落裡躲。

這時候妻子正好回來,桐桐跑到妻子懷裡,說:「媽媽,妳不是說牛奶有營養,我喝了可以長高嗎?我就是想讓小魚長得快一點。」

我這才知道桐桐是這樣想的,立即就原諒了她。但是,我必須讓她知道她的行為是錯誤的。我對桐桐說:「桐桐,妳真有想像力,為了讓金魚長得快,妳都捨得把自己喜歡喝的牛奶給金魚喝。爸爸要稱讚妳。但是,妳之前都不知道金魚能不能喝牛奶,就自作主張給金魚餵牛奶。看,這些金魚都死了,多可惜,妳說呢?」

桐桐對我說：「爸爸，我錯了。」我摸了摸桐桐的頭，跟桐桐講了為什麼金魚不能喝牛奶。

在孩子成長的過程中，他們幼小的心靈對每件事都充滿了好奇，想要嘗試，想承擔一點責任，想幫你分擔家務，也難免會出現好心辦壞事的情況。如果父母的教育方式不得當，只是一味地責備，就會打擊到孩子積極探索的興趣，慢慢地就變得不敢去嘗試了。

不可否認，此時的你心裡肯定是有些怒氣的，但你一定要將心裡即刻想到的惡狠狠的話吞進肚裡，先對孩子的行為加以肯定，再給責備裹上一層薄薄的「糖衣」，恰如其分地指出壞事的後果，最後教他怎樣好心辦好事，孩子就不會重蹈覆轍了。

最後你會發現，孩子依然是一個充滿愛心、懂得孝順、愛勞動、愛探索的好孩子，可能還會因此變得越來越符合你的心意了，變得越來越優秀了。

出了問題：要回應，而不是反應

在許多家庭中，媽媽和孩子之間的激烈爭吵有一個有跡可循的規律，那就是孩子做錯了什麼事或者說錯了什麼話，媽媽對此有生氣的反應，孩子則用更糟糕的行為來回答，媽媽再反

Part 4 「有效懲罰孩子」的話
——讓孩子失去犯錯的勇氣,是最失敗的教育

擊,高聲恐嚇,或者乾脆粗暴地處罰。可惜,這樣的方式解決不了問題。

當孩子出現問題時,父母正確的做法是,不擴大不誇張不挖苦,提供有效回應,而不是情緒反應。

10 歲的雷特早上跟媽媽保證要清洗家裡的汽車,但是他忘記了,中午快吃飯的時候才想起來。於是,他匆忙跑到樓下,胡亂地洗了幾下。

媽媽看到未洗乾淨的車,溫和地對兒子說:「兒子,這部車還需要再洗洗,特別是車頂。你什麼時候能做?」

雷特說:「我可以吃完午飯後洗。」媽媽微笑著點點頭:「謝謝你。」

雷特的媽媽並沒有批評雷特,只是描述了一下她看到的問題,語氣沒有絲毫的生氣和貶低。雷特聽後就不會產生反感,反而會心懷歉意地用行動去彌補自己之前的過失。想像一下,如果雷特的媽媽批評了他,試圖教育他,雷特的反應會有什麼不同呢?

媽媽問:「你洗了車嗎?」

雷特說:「洗了。」

媽媽開始不高興了:「你確定?」

雷特答:「我確定。」

出了問題：要回應，而不是反應

媽媽生氣了：「你居然說你洗完了？你就是敷衍了事，你從來都這樣。你只想玩，你覺得你能這樣過一輩子嗎？你要是工作了，還是像這樣糊弄，連一天都幹不了。你真是一個不負責任的人！」

這樣的訓斥，不僅會傷害雷特的自尊心，招致他的反感，而且也不利於他的身心發展。

從一些小意外裡，孩子可以學到很多寶貴的教訓。孩子需要從媽媽那裡學會分辨，什麼是僅僅讓人不愉快的事情，什麼是悲劇和災難。許多媽媽對一顆雞蛋被打碎的反應就像一條腿被打斷似的，對窗戶被打碎的反應就像心被敲碎了一樣。對於一些小事，媽媽應該這樣跟孩子指出來：「你又把手套弄丟了，這種丟三落四的習慣很不好。不過，這並不是什麼大災難，只是一個小意外。」

丟失了一隻手套不需要發脾氣，一件襯衫扯破了，也不是多麼悲慘的事情。相反，發生小意外是傳授孩子正確價值觀的好時機。這就是所謂的小意外，大價值。

8歲的黛安娜把媽媽戒指上的誕生石弄丟了，她傷心地哭了起來。媽媽看著她，平靜而堅定地說：「在我們家，誕生石不是那麼重要的。重要的是人，是心情，任何人都可能弄丟誕生石，但是誕生石可以重新替換。妳的感受才是我最關心的，妳確實喜歡那個戒指。我希望妳能再找到合適的誕生石。」

Part 4 「有效懲罰孩子」的話
—— 讓孩子失去犯錯的勇氣,是最失敗的教育

當孩子遇到問題或遇到不開心的事時,媽媽最好的做法是回應孩子,讓孩子心靈有慰藉,而不是做出反應,質問孩子。媽媽不要只針對孩子的行為做出反應,而是要關注他們心煩意亂的情緒,幫助他們應付難題。只有當孩子內心平靜時,他們才能正確地思考,才能做出正確的舉動。

歇斯底里的喊叫對孩子是沒有益處的,它只能導致氣憤和憎恨。更糟糕的是,如果孩子經常受到批評,他們就會學會譴責自己和別人,學會懷疑自己的價值,輕視別人的價值,甚至導致人格缺陷。

讓「結果」說話

一個孩子不愛惜家裡的東西,這天又把椅子弄壞了。爸爸毫不留情地讓他連續幾天站著吃飯,讓他體驗體驗自己的行為所帶來的勞累之苦。

一個孩子很任性,動不動就摔東西來表示自己的「抗議」。一天,因為媽媽沒買給他想吃的蛋糕,就把一件新玩具摔壞了,把一本書撕爛了。媽媽更是「強硬」,馬上宣布一個月之內不再買新玩具和書,若他沒有改正的行為,則繼續延長時間。

18世紀法國教育家盧梭認為:「兒童所受到的懲罰,只應是

他的過失所招來的自然後果。」這就是盧梭的「自然懲罰法則」，是世界教育史上的一個里程碑。

自然懲罰法則的含義是：當孩子在行為上犯了錯誤時，父母不應對孩子進行過多的指責，而應該讓孩子自己承擔錯誤造成的後果，給予孩子心理懲罰，使孩子在承受後果的同時感受心情的不愉快甚至是痛苦，從而讓孩子自我反省，吸取教訓，改正錯誤。

這天，威特夫人和女兒約好晚上一起去看電影。下午的時候，女兒同學打電話過來約女兒一起逛街，威特夫人同意了，她告訴女兒必須在晚上6點之前回來。女兒痛快地答應了。可是，女兒遲到了二十分鐘才到家。

威特夫人並沒有說什麼，只是讓女兒看了一下手錶。女兒知道自己不對，低著頭道歉：「我錯了。」

威特夫人沒有發火，只是告訴她：「今天看不成電影了，因為時間來不及了。」還配上了一句，「真遺憾！」

女兒很難過沒有看上心儀已久的電影，但深深地記住了這個教訓，從此以後再也沒有失言過。

對於女兒不守時的毛病，威特夫人沒有長篇大論，只用耐心和等待讓女兒明白：如果遵守約定，就不會錯過一部好電影。高 EQ 父母，話都不多，等結果，用事實告訴孩子犯錯的成本。

「自然懲罰法則」的另一種方法是：給機會去試試。如果孩子一定要穿那套好看但太單薄的衣裙，或適合宴會穿的硬底皮

Part 4 「有效懲罰孩子」的話
——讓孩子失去犯錯的勇氣，是最失敗的教育

鞋，就讓她穿。結果必然是「太冷了」、「鞋太滑太硬不能在操場上跑，追不上同學」。總之是讓孩子「自作自受」。

一位政治家說：「人類學會走路，也得學會摔跤，而且只有經過摔跤他才能學會走路。」我們不能因為害怕孩子摔跤，而不讓孩子學走路，那不是愛，是剝奪。當孩子拒絕我們的幫助，那麼我們就少說話，給他個機會，讓他自己試試看，犯錯也沒有關係，總會有收穫，不是嗎？

卡爾一家要去山上野營，臨行前爸爸媽媽和卡爾定好了「紀律」：這次活動為期兩天，需要在山上度過一個晚上，參加者需要自帶相關用品，不得互相借用。

定好規矩後，一家人開始分頭收拾自己的營地生活用品。卡爾拒絕了媽媽的幫助，並很自豪地告訴媽媽：「我能夠照顧自己的。」

媽媽沒有再堅持。出發前，媽媽檢查了卡爾的行李，發現他沒有帶足夠保暖的衣服，也沒有帶手電筒，這是野營時必須要帶的東西。但是媽媽並沒有多說什麼，她想，應該讓卡爾親身體驗一下自己行為帶來的後果，會對以後的生活有益處。

爬山、渡河……經過一下午的跋涉，一家人終於到達了山頂。望著正在下落的太陽，每個人都很有成就感。然而，問題很快就來了，太陽下山了，天越來越黑，氣溫也開始下降。由於沒有帶足夠的衣服，卡爾凍得瑟瑟發抖。因為有約在先，卡爾不得不咬牙忍受著，不能向爸爸媽媽求助。

讓「結果」說話

看到凍得可憐兮兮的卡爾,爸爸媽媽很心疼,但是他們決定不幫忙,好讓卡爾從自己的錯誤中懂得今後該怎麼做。

更嚴重的問題還在後面。由於沒有帶手電筒,卡爾根本沒辦法在漆黑的山頂看清楚路況,為此,被山上的草叢、矮樹劃傷了手臂和腿。

這次的野營,卡爾搞得很狼狽,快快地回到家裡,媽媽問:「這次玩得不開心是因為什麼呢?」

「我以為那裡的天氣會和這裡一樣,所以只帶了平常穿的衣服,沒有想到山裡會那麼冷!下次再去,我就知道該如何去做了。」

「那如果下次去的是佛羅里達,你也帶同樣的衣服嗎?」媽媽試探著問道。

「不會的,佛羅里達很熱,我會帶涼快一點的衣服。」

「對了,你應該先了解一下當地的天氣情況,再做決定。那手電筒呢?」

「我想到了要帶手電筒,可是一忙,最後忘了。我想,下次野營時我應該像爸爸媽媽一樣,先列一張單子,這樣就不會忘記東西了。」

有時候用事實說話,勝過千言萬語。一問一答中,媽媽已經幫助卡爾總結了這次活動的經驗教訓。經驗對於一個人的成長是很重要的,別提醒孩子,讓孩子在體驗中嘗到自然懲罰的

Part 4 「有效懲罰孩子」的話
　　　　——讓孩子失去犯錯的勇氣，是最失敗的教育

後果，你的孩子就會成長進步得更快。

　　托爾斯泰說過：「愛孩子是老母雞都會做的事，關鍵是如何教育。」如果你覺得孩子越來越「叛逆」，聽不進你「金玉良言」的大道理，那麼不妨閉嘴等待，讓孩子去「自討苦吃」，自己承受錯誤的代價，並因此得到教訓。請相信我，這將比比喋喋不休更有效！

懲罰你，和爸爸一起把玩具恢復原狀

　　沒有父母不希望自己的孩子將來能有所成就。為了孩子有更好的未來，父母不惜花重金替孩子報各式各樣的才藝班、補習班，向孩子講述成功人士的成長經歷，看各種名人傳記。但是，好多父母不明白一件事，那就是有時自己不經意的一句批評或者不耐煩，都可能會斷送孩子的未來。

　　一位媽媽帶著自己 5 歲的孩子去拜訪一位著名的化學家，想了解這位大人物是如何踏上成才之路的。化學家沒有跟他們講述自己的奮鬥經歷和成才經驗，而是把他們帶到了實驗室。

　　第一次到實驗室的孩子很興奮，他好奇地看著到處都有的林林總總的瓶子和裝在裡邊的五顏六色的溶液，看看化學家，看看媽媽。過了一會兒，他終於試探性地將手伸向了盛有黃色溶液的瓶子。這時，他的背後傳來了一聲急切的斷喝：「別亂

動！」媽媽快步走到孩子旁邊，孩子嚇得趕忙縮回了手。

化學家哈哈笑了起來，對孩子的媽媽說：「我已經回答妳的問題了。」媽媽疑惑地看著化學家。化學家漫不經心地將自己的手放入溶液裡，笑著說：「其實這不過是一杯染過色的水而已。妳的一聲喝斥出自本能，但也喝斥走了一個天才。」

許多父母都容易犯下這個錯誤，他們總以經驗來約束孩子，殊不知「別亂摸」、「不能碰」諸如此類的話語把孩子的好奇心扼殺在了搖籃裡。長此以往，孩子就會慢慢習慣於接受現狀，而不敢再探索創造，在父母畫的一條虛無的邊框裡成長，踏上和父母同樣的道路。父母自以為是的「好」，也許對孩子來說並不那麼美妙。

湯瑪斯今年5歲，他聰明伶俐，對任何事物都有強烈的好奇心。

有一天，爸爸媽媽在廚房做飯，湯瑪斯獨自在客廳裡玩耍。百無聊賴的他對一個精緻的玩具汽車產生了興趣，想拆開來看個究竟。可是，拆開以後，就再也裝不回去了。

媽媽看到被「肢解」的新玩具，十分生氣地對湯瑪斯說：「你怎麼這麼頑皮，這可是爸爸送給你的生日禮物，剛買沒幾天，你就把它拆了，看爸爸怎麼收拾你。」

湯瑪斯惴惴不安地等待著爸爸的懲罰。出乎意料的是，爸爸不但沒有生氣，反而笑著對他說：「湯瑪斯，你把玩具拆開

Part 4 「有效懲罰孩子」的話
——讓孩子失去犯錯的勇氣,是最失敗的教育

了,爸爸要懲罰你,和爸爸一起把玩具恢復原狀。」

就這樣,爸爸和湯瑪斯開始一起擺弄這個玩具。在拆裝玩具的過程中,爸爸不斷地跟湯瑪斯講解玩具的構造及原理,鼓勵他自己動手。經過幾個小時的努力,父子倆終於成功地將玩具恢復了原狀。湯瑪斯也從中學到了很多機械知識。

能拆開玩具,說明孩子有求知的欲望,能自己去看待問題、研究問題。湯瑪斯的媽媽顯然屬於傳統的媽媽,只看到表面現象,就是湯瑪斯把玩具拆壞了,而沒有發現湯瑪斯拆壞玩具的原因。幸好,他有一個高 EQ 的爸爸,沒有對湯瑪斯做出嚴厲批評,反而鼓勵湯瑪斯,重新把玩具組裝好。

對於不了解的事物充滿好奇心,是我們成年人也會存在的心理。高 EQ 父母會透過現象看本質,能發現孩子調皮背後的心理因素,找出根本原因。如果孩子做了一些在成人看來不可理喻或者不可思議的事,只是單純地因為好奇心理,做父母的千萬不要一味地批評,更不要扼殺孩子的好奇心。因為社會不斷發展進步的本源就在於人類敢不敢去探索知識,去探索未來。

我們可以鼓勵孩子去發現探索,甚至陪孩子一起去發現探索,遇到不懂的地方和孩子一起學習,找到解決辦法。相信有這樣父母的孩子將來一定可以靠自己去闖出一條屬於自己的人生道路。

面對孩子發脾氣，高 EQ 父母選擇不接招

　　哭，是小孩子強而有力的語言，是不達目的不罷休的宣言。面對隨時隨地愛哭的小孩子，很多父母束手無策。哄吧，容易驕縱孩子，養成以自我為中心的壞習慣；打吧，暴力手段對於一個無知的小孩過於殘忍。這個時候，父母不妨參照一下凱倫夫婦的做法。

　　凱倫夫婦最近被兒子的壞脾氣折磨得頭痛死了。兒子安僅僅 6 歲，卻脾氣暴躁得厲害，稍不如意就大發雷霆，大吼大叫。即使是跟他講道理，他也聽不進去，如果父母不按照他說的去做的話，他就一直吵鬧哭喊，在地上打滾，手裡有什麼東西都會順手扔出去。

　　為此，凱倫夫婦想盡了辦法，他們打他，罰他站牆角，責罵他，喝斥他，苦口婆心地跟他講道理……這些都不管用，一有事情安還是會大發雷霆，暴躁脾氣依然如故。

　　一天晚上，一家人正在看電視，安突然想要吃冰淇淋。已經很晚了，商店都關了門，爸爸媽媽試圖跟他解釋，勸說他明天再吃。然而，安的脾氣又上來了，他躺在地上大聲叫喊，用頭撞地，用手到處亂抓，用腳踹所有搆得著的東西……

　　爸爸媽媽被氣得不知道該說什麼，他們努力克制自己的火氣，暫時沒有任何語言和動作。

Part 4 「有效懲罰孩子」的話
──讓孩子失去犯錯的勇氣，是最失敗的教育

安已經叫喊半天了，他奇怪地發現，居然沒有人理他。於是，他又重新按他剛才的「表演」鬧了一番。這次爸爸媽媽決定怎麼做了，他們不發火也不制止，坐下來繼續看電視。

安不服氣地又開始了第三次「表演」，然而爸爸媽媽還是沒有任何表示。最後，安大概也覺得自己趴在地上哭叫實在太傻了。他自己爬了起來，哭累了回房間睡覺去了。

後來，安又在超市耍賴哭鬧過一次，就因為媽媽沒有買他相中的那輛小汽車。媽媽這次依然採取了不理不睬的冷處理的方法，隨他在玩具區哭鬧。眼看聚集的人越來越多，影響到了超市的正常營業，媽媽抱走哭泣的安，將他帶到地下車庫，讓他繼續鬧，直到他鬧夠為止。

一段時間下來，安亂發脾氣的壞毛病因為沒有得到「回饋」而自然消失了。

孩子並非我們想像得那麼不懂事，他們只是控制能力差一點而已。安亂發脾氣、哭鬧，就是想透過這種方式來吸引父母的注意，進而達到他的某些目的。結果他看到自己的鬧騰沒有效果，父母不予理睬，他自然就選擇了放棄。

這裡所說的冷處理，並不是讓家長真的丟下不管，而是暫時走開，不搭理孩子，用一種氛圍讓他自己慢慢冷靜下來。如果家長不給孩子這個時間和空間，再加上自己也不冷靜，只會加重孩子的負面情緒，讓他更加心浮氣躁。長此以往，想培養

孩子的好脾氣就有難度了。

　　需要注意的是，冷處理期間，家長千萬不要心太軟，因為擔心孩子長時間哭下去會生病或者想盡快結束這種混亂局面，就過去安慰，導致前功盡棄。一定要有原則，堅持到孩子不再哭了，因為孩子也會思考，也會悄悄觀察，看到這招不管用，自己也累了，哭鬧也就停下來了。

　　孩子停止了哭聲，但內心渴望爸爸媽媽的愛，所以這時，爸爸或媽媽就要適時走過去，抱抱他，拍拍他，告訴他：「超市很大，有好多東西，我們不可能全部買下來，之前約好了一次只買一個玩具，就要說到做到，遵守約定。」

　　如此，既改掉了孩子愛哭鬧的壞習慣，又對他進行了恰如其分的教育，小孩就會悄然而茁壯地成長，而不會遇事偏執，不顧別人的感受，自私霸道！

Part 4　「有效懲罰孩子」的話
　　　　──讓孩子失去犯錯的勇氣，是最失敗的教育

Part 5
「鼓勵孩子自立」的話
—— 獨立而自信的孩子，全世界都會為他讓路

Part 5 「鼓勵孩子自立」的話
　　　　——獨立而自信的孩子，全世界都會為他讓路

敲黑板：事事順從的孩子創造力幾乎為零

在亞洲家長的意識裡，一個乖孩子，一定是一個好孩子。仔細分析就會發現，這種意識有它存在的理由：父母都是愛孩子的，父母所說的話也都是為孩子好。如果孩子能聽從父母的話，那他自然會成長為一個好孩子。

父母的話都是為孩子好，這句話沒錯，可是父母的話一定就是對的嗎？似乎亞洲父母從來不去思考這個問題，他們喜歡對自己的孩子說：

「寶貝，真乖！」

「我都是為你好，你這孩子怎麼那麼不聽話？」

「就你，還想當班長？在家跟我們頂嘴，在學校跟老師頂嘴，就你和別人想的不一樣，就你好，那為什麼大家不願意選你做班長啊？為什麼xxx當選了，就是因為人家從來不搗亂，人家很聽話！」

左一句，右一句，說的都是讓孩子順從、聽話！孩子順從了，聽話了，結果呢？

「爸爸，你看那個電視劇裡的孩子，竟然跟媽媽爭論問題，還覺得媽媽是錯的，自己才是對的，他怎麼能這樣呢？」

「媽媽，老師發布了一篇作文，要求有創意，這個怎麼做

啊？」

　　家長的觀念中有一種根深蒂固的思想，那就是「聽話」的孩子才是好孩子。於是，從出生的那一刻起，孩子就接受了這樣的聽話教育。不但要聽家長的話，還要聽老師的話。對於父母和老師的教誨和要求，孩子只能服從，不能拒絕，更不能懷疑和反對。

　　不知道家長有沒有注意到，孩子經常一臉委屈，怯生生地站在一邊。那是因為孩子沒有說話的權利！不管有什麼不同的意見，也不管這些意見有沒有道理，在孩子的內心深處，他已經被家長否定了。所以，久而久之，在孩子看來，與其跟父母頂嘴、跟老師爭辯，還不如乖乖地聽話，這樣起碼還有父母的疼愛與表揚。因為，聽話無論到哪裡都是真理，違背不得！

　　也許，在父母看來，孩子聽話並不是一件壞事情，至少父母是為孩子好的。要知道父母有著更多的生活經驗，孩子在很多事情上聽從父母的安排就可以少走彎路。但是，家長是否考慮過，順從和聽話的背後意味著什麼？一批又一批順從和聽話的孩子產生了，一幫小大人產生了，他們的典型特徵就是說著大人的話，想著大人的想法，他們儼然成了大人們思想的附庸，成了成人世界各種命令的執行者。

　　小安從前是一個很頑皮，但是非常有主見的孩子。面對父母的安排，如果不符合自己的心意，他就會直接反抗。

Part 5 「鼓勵孩子自立」的話
——獨立而自信的孩子,全世界都會為他讓路

「不,我不喜歡學書法,我想去踢足球。」小安雙手插在腰間,昂著頭對媽媽說道。

「你這孩子怎麼這麼不聽話,在臺灣踢足球能踢出什麼來呀?」媽媽不耐煩地教訓著小安。

「踢什麼足球,去上書法班,以後要是還不聽話,愛頂嘴,就要你好看。」脾氣暴躁的爸爸很嚴厲地訓道。

小安嚇哭了。從此,小安聽話了,之後可以說對父母言聽計從。慢慢地,家長就發現,這個言聽計從的孩子的未來讓人擔心了。

「爸爸,老師讓我們寫一篇關於人生規劃的作文,我不會寫,你對我的人生有什麼規劃呀?」

其實,我們不應該抱怨孩子。因為他從小就失去了選擇自己成長的權利,聽父母的話,養成了順從和聽話的習慣,那麼到了社會上,在與人相處時也容易如此。這就意味著他很難獨立、自信,很難維護自己的利益和尊嚴。更為嚴重的是,他的創造力從小就被從根上扼殺了!

在這個競爭激烈、要求創新的社會裡,這樣一個從小就事事順從的孩子,你如何能指望他有一個出眾的表現呢?大家都知道,社會日新月異,這必然要求創新型人才的出現,如果想在社會上立足,想有一個美好的發展前景,創造力不可缺少。所以,家長千萬別為了培養聽話的孩子,而造就了沒有創造力

的孩子。把孩子的創造力抹殺了，這不應該是教育的目標和本質啊！

畫重點：不是孩子沒主見，而是家長太強勢

　　觀察自然永珍，我們就會發現這樣一個真理：只有自由的土壤才能培養出天地間的強者。為了自由，狼寧願去搏殺，在險象環生的環境中生活。也正是因為這樣，狼才成了動物中的強者。同樣的道理，如果父母想把孩子培養成為生活中的強者，就應該多給他們一些自由的空間，而不應該隨便插手他們可以獨立解決的生活中或者學習中出現的問題。

　　父母不要過度干涉孩子的自由，如果他們需要，自然會主動求助的。在孩子不需要幫助的時候，如果父母主動去干涉孩子的事務，雖說是出於善意，也可能給孩子招致不必要的麻煩。

　　11歲的海倫是一家夏令營的隊長助手。她為人既公正又熱情，而且待人細緻周到。對於海倫的自理能力和社交能力，海倫的媽媽向來都很放心。

　　不過，有一天，媽媽忽然接到了海倫的電話。說了幾句話之後，媽媽明顯地感覺到海倫的情緒有些低落。

　　「親愛的，妳不高興嗎？」媽媽問道。

Part 5　「鼓勵孩子自立」的話
　　——獨立而自信的孩子，全世界都會為他讓路

「媽媽，之前的隊長走了，新來的隊長很粗魯，對待我們的工作很苛刻。」

「她對妳也很粗魯嗎？」

「今天早上，我召集隊員集合的時間有些晚，她竟然當著全隊人的面，將我訓斥一番，我覺得很沒面子。」

海倫說到這裡，忍不住在電話中哭了。媽媽很難過：「她這樣做不對，我現在馬上打電話給你們學校，我要抗議。或者我們乾脆別玩營隊了，回家來吧。」

媽媽心疼女兒，這無可厚非。但是，海倫的媽媽在海倫面前直接批評隊長，會讓海倫更加認為自己是委屈的。隊長在她心中的形象會進一步惡化，更加不利於她們今後的工作開展。其實，海倫本身有工作失誤的地方，但媽媽這樣偏袒的話會讓海倫無法發現自己的錯誤，不利於海倫的成長。

孩子和周圍人的關係如何，最終需要孩子自己去面對和處理。如果家長介入其中，就會剝奪孩子處理問題的權利，讓孩子失去一次成長的機會。當然，這不是說在孩子遇到事情的時候，父母就要不管不顧，而是說父母不能過分干涉。父母要做的就是，稍稍地引導一下孩子，把最重要的一步留給孩子來決定。

如果海倫的媽媽換一種說法，事情的結果會不會更好呢？比如，媽媽說：「親愛的，我能理解妳。妳現在一定很難過，但願和媽媽談一談能讓妳心裡舒服一些。」接下來，媽媽要做的就

是幫助海倫分析整個事件的全過程，讓海倫能意識到自己在工作中的失職。「隊長可能確實比較粗魯，不過我覺得，學會與各式各樣的人交往、相處，也是妳參加這項服務的目的之一。如果妳能想辦法與隊長的關係處得融洽一些，那麼對妳今後的工作是很有幫助的，妳覺得呢？」這樣的話說出來，就會轉變海倫先前的抱怨情緒，給她留下思考和發展的空間。

16歲的菲爾跟著老師參加週末的滑雪旅行，到達車站後他才發現自己忘了帶父母的同意書。老師拒絕沒有父母同意書的菲爾參加。於是，菲爾不得不回家拿取。當他回到家時，對媽媽說：「媽媽，如果妳不開車送我去佛蒙特，妳就會損失妳付的100美元。」

「菲爾，」媽媽說，「我知道你很想去，我也希望能幫你，但是你知道的，讓我開車送你去是不可能的。」

「我該怎麼辦？」菲爾嘀咕道。

「有沒有想過搭公車去？」媽媽建議說。

「不，因為我必須要換乘好多趟車。」菲爾回答。

「我明白了，你已經決定不搭公車。」媽媽平靜地說道。

菲爾接著又嘟囔了幾分鐘，然後就離開了房間。當他回來時，他說他已經找到一輛公車可以直接到達山區，無須轉車。

陶行知先生曾說過：「滴自己的血，流自己的汗，自己的事情自己幹；靠天靠地靠老子，不算是好漢。」這句話詼諧道地出

Part 5　「鼓勵孩子自立」的話
──獨立而自信的孩子，全世界都會為他讓路

一條人生的至理名言：獨立對於我們來說是人生最寶貴的「財富」。

在上面的例子中，媽媽幫助菲爾把情緒轉到解決問題上來。結果，菲爾沒有把時間浪費在責備和自責上，而是積極尋找解決難題的辦法。事情的順利解決也使他覺得自己是一個能幹的、負責任的人。

這個社會是很現實的，家長應當允許孩子有機會接觸生活的各個方面，並且學會如何來應付它們，而不是將他們與現實隔離開來。所以，當孩子在成長過程中出現狀況時，家長要引導他們，而不是干涉他們，這樣才能夠使孩子獲得充分的成長，而不是被社會現實隔離。

每個父母都希望自己的孩子可以成為生活中的強者，希望自己的孩子可以在人生的風雨中獨當一面。可是，如果父母不給孩子經歷風雨的機會，不給孩子獨立面對社會的自由，那孩子如何成長呢？

愛孩子，不是要成為他們的護身符、保護傘，而應該透過培養和引導，讓他們成為獨立堅強的個體！愛孩子，就不要過多干涉孩子的自由。放手，讓孩子自由地飛翔，才是真正的愛孩子。

一旦吝嗇給孩子自由，你就輸了

「丸子，今天繪畫班妳表現不錯，中飯吃什麼，這次全由妳做主。」

「好啊，我要吃炸雞。」

「啊，這個垃圾食品，不行不行。」

「好吧，我要吃 buffet。」

「這個嘛，我們胃口都不大，不划算。」

「算了算了，還是妳決定吧！」

有些父母在餐廳點菜、在商場買衣服時，嘴上說給孩子發言和選擇的權利，但內心的想法卻是：不許超過我許可的範圍，「這個味道不錯，吃這個吧！」「這個更可愛！」「這件很適合你，買這件吧！」將自己的意見強加給孩子。如果這樣的交流多了，孩子就會越來越沒有主見了。

高 EQ 的父母都一致認為，如果你對孩子說，讓他做決定，那就尊重他的決定。即使是不合理的，也可以先認同，哪怕事後再與他講道理。拿開頭的例子來說，媽媽可以說：「OK，今天妳吃什麼媽媽都陪妳。不過，平時還是少吃炸雞哦。」這樣，孩子才會相信你。

每個人都對自由有著熱切的渴望，沒有人願意自己的行為

Part 5 「鼓勵孩子自立」的話
　　——獨立而自信的孩子，全世界都會為他讓路

　　整天被人限制。有時候你對一個人的行為越是限制，便越會激起他不顧一切的反抗，孩子正是如此。如果父母很嚴格地控制孩子的行動自由，孩子就會想方設法從父母的控制下逃離。

　　斯思的媽媽一直想把她培養成一個鋼琴家。斯思每天放學回家後，都要苦練鋼琴。看到別的小朋友在社區裡開心地玩遊戲，斯思心裡滿滿的都是羨慕。

　　有一次，斯思實在是太累了，就跟媽媽說：「媽媽，我就玩十分鐘，好嗎？」媽媽想了想，覺得也就才十分鐘，就允許了。可是半個小時過去了，斯思還是沒有回來練琴。媽媽很生氣，就把斯思找了回來，邊走邊抱怨：「妳這孩子怎麼沒有一點自制能力呢？說好的十分鐘，現在都半個小時了。」

　　我們經常會聽到父母發出這樣的抱怨：讓孩子出去玩一會兒，結果玩半天都不知道回來；遇到喜歡吃的巧克力，就吃個不停……其實，父母也應該反思一下自己的教育：孩子會這樣，會不會是因為自己管得太嚴了？

　　中國著名教育專家尹建莉老師曾在多個場合中提到過一位媽媽講給她的這件事：

　　她的孩子大約3歲，很愛吃糖。媽媽害怕孩子吃糖太多會有齲齒，也擔心會發胖，就嚴格控制數量，規定孩子每天只能吃兩塊。可是孩子經常在吃完當天限額的兩塊後，覺得不夠，纏著媽媽想得到更多。媽媽堅持原則，一塊都不多給，並把糖

盒放到高處，不讓孩子搆著。

可是有一天，媽媽發現了問題，糖盒裡的糖在急速減少。再仔細觀察一下，發現放糖盒的櫃子前多了一個凳子，糖盒也挪了位。這下她才大吃一驚：本意是要孩子少吃糖，學會自我控制，可這樣看來，孩子不但沒少吃糖，還多吃了。自制力不僅沒有發展出來，還多了一個弄虛作假的壞毛病。

這位媽媽沒有馬上去批評孩子，而是開始反思自己對孩子的管理，認識到自己必須得改變一下方式方法了。她沒有揭穿孩子偷糖的事，而是很真誠地給孩子道歉說：「你這麼愛吃糖，可媽媽每天總是忘記主動拿糖給你吃。以後寶寶自己管糖盒，想什麼時間吃糖，就自己去拿。不過，多吃糖的壞處已經給你講過，所以你還是每天吃兩塊，好嗎？」

孩子一聽，既興奮又吃驚，這可是媽媽以前摸都不讓他摸的東西啊！媽媽又打開糖盒看看說：「糖不太多了，我們一起數一下還有多少塊，還能吃幾天。」和孩子一起數了，還有二十塊糖。媽媽說：「這些糖還夠你吃十天，到時候媽媽就買新的回來。」然後就放心地把糖盒交給孩子。過了幾天，媽媽悄悄去數糖盒裡的糖，發現孩子真的一塊都沒有多吃。

這個例子讓我們真實地感受到，孩子聽話，從給足他自由開始。家長由監督者和控制者的角色中退出，把信任還給孩子，就能有效提升孩子的自制力。

很多家長擔心，給孩子自由，會不會養成他不聽話、不守規

Part 5 「鼓勵孩子自立」的話
―― 獨立而自信的孩子，全世界都會為他讓路

則的壞毛病。其實，這個擔心沒有必要。事實上，只有家長平時很少限制孩子，孩子的自我管理能力才能得到鍛鍊。

很多教育家也提倡孩子要在寬鬆的環境中成長，孫瑞雪女士的《愛與自由》就深入地探討了孩子的天性發展與成長環境之間的關係。當你放開手讓孩子成長的時候，他是不會像你想像中那樣漫無目的、毫無紀律的。

在孩子內心中有一套自我發展的規律，他會遵循這個規律去學習、說話、排隊等。如果我們壓制它，或者想要人為地調整這個規律，就會破壞孩子的成長。

每個父母都希望自己的孩子健康快樂地成長，那就不妨給孩子留些自由選擇的空間吧。在孩子的成長過程中，很多事情都可以讓他們自己做決定。比如：他們可以選自己喜歡的衣服，可以自己決定零用錢的用途……父母要相信孩子，他們會對自己負責的。

家長培養孩子的一個重要目標，就是幫助他們成為一個獨立的個體。有一天，當孩子離開我們的時候，能自己獨當一面。我們希望孩子不是自己的翻版或者延伸，而是一個與我們有著不同性情、不同品味、不同感知、不同期望、不同夢想的完全獨立的個體。

肯定句，是個有能量的句式

很多細心的家長在教育孩子的過程中會發現一個奇怪的現象：不管是對於孩子的提問還是跟孩子講道理，如果家長用肯定句，孩子就容易聽得進去，而那些否定句則大多會招致孩子的反感。

郁郁是一個非常不自信的孩子，他經常會問媽媽一些問題。

「媽媽，妳覺得我這次國語考試能考好嗎？」

「媽媽，妳覺得我運動會上能得獎嗎？」

「媽媽，妳看看，我的毛筆字有進步嗎？」

對於郁郁的這些問題，郁郁的媽媽大多數的時候都給予了否定的回答，希望可以激起孩子奮進的心。結果郁郁變得越來越不自信了，表現得也越發差強人意了。

孩子需要父母的肯定，尤其是對於孩子的提問，父母多使用一些肯定句對孩子來說絕對是一種鼓勵。這種鼓勵會增強孩子的自信心，讓孩子更加勇敢地前行。其實，不僅僅是孩子，即使是成人，在獲得別人的肯定後，都會多出一份自信與動力。這種自信與動力也往往會帶來人們所期待的結果。

其實，孩子在向父母提問時，多半是對自己不自信，他們期待可以獲得父母的肯定。如果父母的回答是肯定的，孩子的

Part 5 「鼓勵孩子自立」的話
　　——獨立而自信的孩子，全世界都會為他讓路

自信就會多一分；而如果父母的回答是否定的，孩子就會產生失落感，徹底變得不自信了。

父母多使用肯定句，不僅能在孩子對自身有疑惑時增加孩子的自信，而且在對孩子講道理時，孩子也更容易接受。但實際情況是，很多父母總是會不自覺地使用一些否定句。

小宇8歲了，調皮好動，他的媽媽經常對他進行教育。

「小宇，不要亂動別人的東西，那是不禮貌的。」

「小宇，老師說你上課的時候又亂動，這樣不好，知道嗎？」

「小宇，走路的時候不要彎腰。」

可是，媽媽講的這些道理，小宇從沒有聽進去過，當然也沒有改正自己的缺點了。

「你怎麼就聽不進去我講的道理呢？」

「妳那是命令，哪裡是道理呀？」

小宇的媽媽愕然了，原來孩子一直都以為自己是在命令他呀。於是，她決定換一種說法試試。

「小宇，媽媽覺得你一定會成為一個懂禮貌的好孩子的。」

「小宇，只要上課的時候安靜點，就能聽懂老師的內容。」

「小宇，挺直腰桿，你會看起來更有精神。」媽媽發現，小宇開始慢慢地改正一些缺點了，心裡喜滋滋的。

父母在使用否定句時，總是會不自覺地表現出一種命令式

的口吻。這種口吻在多數情況下是生硬的，很容易讓孩子覺得不舒服，激起他的反抗心理。相反，多使用肯定的語句，會讓孩子感覺父母在和自己商量，孩子自然比較容易接受。

在家長的肯定中成長起來的孩子，一定是一個自信快樂的人。在面對困難的時候，自信快樂的孩子會比自卑沮喪的孩子更加勇敢和堅強。所以，多使用肯定句，多鼓勵孩子，讓孩子更加自信、勇敢地去面對自己的未來吧！

孩子總是和你爭辯，這是好事

在這個社會上，不論男女，如果想在未來的事業中取得成就，必須具備的一個特點就是獨立。這種獨立包括能力上的獨立和思想上的獨立。能力上的獨立主要是指，一個人在成年以後可以不依靠父母獨自養活自己的能力。至於思想上的獨立，則表現為，一個人對社會上的很多事情有自己的看法，勇於對事情發出自己的聲音，不人云亦云。

很多父母也希望孩子長大後可以成為一個有著獨立能力和獨立思想的人。教育專家給出的建議就是：從小鼓勵孩子發出自己的聲音。

鼓勵孩子在和大人交談的過程中發表自己的見解，不僅僅

Part 5　「鼓勵孩子自立」的話
　　──獨立而自信的孩子，全世界都會為他讓路

　　是培養孩子獨立性格的要求，對於培養孩子的思辨能力也有著重要的作用。尤其是當孩子和父母持不同意見時，父母甚至可以允許孩子和自己爭辯。

　　英國政壇的「鐵娘子」柴契爾夫人就曾表示，父親從小就鼓勵她對一件事情要勇於發出自己的聲音，甚至鼓勵她與自己爭辯，也正是基於此，才培養出她強大的政治氣場。

　　一位心理學家經過多年研究得出確切的結論：爭辯是孩子走向成熟之路的重要一步。能夠和父母進行爭辯的孩子，在日後會比較自信，更具有創意和領袖氣質。孩子的爭辯意味著他在組織語言表達自己的觀點，同時還要分析對方的觀點，找到破綻加以辯駁。這至少有兩點好處：一是促進大腦發育；二是增加家庭互動氛圍，這兩點都更利於孩子各方面的成長。

　　小宇今年上小學三年級，擔任班級的班長，把班上的事情都處理得井然有序，得到了老師和同學們的一致好評。可是，小宇的同桌筱筱卻恰好跟他性格相反，做事情沒有主見，說話唯唯諾諾。於是老師就建議筱筱的媽媽和小宇的媽媽交流交流。

　　「那是因為，我一直都鼓勵他對任何事情都要有自己的看法，勇於發出自己的聲音，甚至不惜鼓勵他和我爭辯。」小宇媽媽對筱筱媽媽說。

　　「和妳爭辯？這難道不會慢慢地助長孩子不尊重父母的習慣嗎？」筱筱媽媽吃驚地問。

「當然不會，只要妳尊重孩子，讓孩子說出他想說的話，他也就會尊重妳的。」小宇的媽媽笑著說道。

很多父母都擔心允許孩子和自己爭辯，會慢慢助長孩子不尊重父母的習慣。其實，孩子爭辯並不是不尊重父母，既然真理只會越辯越明，父母又何須擔心自己的威嚴會在爭辯中消失呢？

但提倡爭辯並不是說讓孩子胡攪蠻纏、隨心所欲、口不擇言。爭辯是講明自己的道理，一旦孩子違背了這個原則，父母就應該制止。另外，爭辯也不是事事都要爭論，那只會讓生活陷入混亂。讓孩子爭論，是想讓他發表有價值的觀點。

作為父母，在和孩子爭辯的過程中，應該試圖放下家長權威，把孩子當作一個獨立的個體。如果父母一直放不下架子，不允許孩子挑戰家長的權威，即使允許孩子有爭辯的權利，孩子還是會心存畏懼，不敢放心大膽地和父母辯論。

所有的父母都希望孩子能成為一個獨立有主見的人。可是，這種獨立和有主見的精神並不是一蹴而就的。相反，它是在一個人成長的過程中慢慢地培養出來的。因此，父母要從小就鼓勵孩子發出自己的聲音，這樣孩子長大後才有可能成為一個有主見的人。

小時候不敢說出自己的心理話，長大後不敢面對眾人，這種不良後果會跟隨孩子的一生，不利於他健康人格的形成。鼓

Part 5 「鼓勵孩子自立」的話
——獨立而自信的孩子,全世界都會為他讓路

勵孩子大膽地說出想法是非常重要的,在孩子大聲說想法的過程中,他們的個性得到了張揚,思想得到了解放,自尊和自信得以保護,同時也可以培養孩子的自主意識。只有那些勇於說出想法的人,在現代社會中才不會錯失機會。

你又不是「Google」,別急著告訴孩子答案

在孩子的成長過程中,總是對所有的事情都充滿了好奇,常常會問出各式各樣的問題:

「我是怎麼生出來的?」

「小孩子為什麼生下來就不能回去了?」

「我一定要上大學嗎?」

「為什麼人不能想做什麼就做什麼?」

在網路上看到一個媽媽的困擾:誰能告訴我怎麼和一個 6 歲的孩子解釋「什麼叫『難怪』」?我想,很多父母也有類似的困擾吧!孩子對身邊的事情總是要問一個「為什麼」,父母知道答案的就會直接告訴孩子,不知道如何解釋的,就立即行動起來,或藉助工具書,或打開電腦「Google 一下」,給出合適的答案。

其實,給我們自己這種壓力沒有必要。通常在孩子提出問

題的時候,他們已經在想答案了,他們只是想讓家長作為一個回應者來幫助他們更深入地探索他們的想法。

所以,在鼓勵孩子自立的小技巧裡,建議父母不直接給孩子問題的答案,即使你知道,也要抑制回答的欲望。因為直接把答案告訴孩子,喪失討論機會不說,孩子還會產生思維惰性,就連最簡單的問題也可能解決不了。

一群孩子正在一起玩沙土。一個孩子用小鏟子把沙子往漏斗裡裝。沙子順著漏口往下漏,漏斗總也裝不滿。孩子歪著腦袋看了半天,然後他用手指頭堵住漏口,等沙子裝滿就把漏斗拿到瓶口邊,再放開手,讓沙子流進瓶子。

由於沙子漏下的速度很快,從孩子拿開手指到漏斗對準瓶口,沙子已經剩不了多少了。但孩子絲毫不洩氣,一點一點地做著。終於,孩子弄明白了:先把漏斗口對準瓶口,再倒沙子,瓶子很快就被裝滿了。孩子笑了,高興地看著身後的媽媽,而他媽媽正鼓掌為他慶賀。

同樣,另一個孩子也在用小鏟子把沙子往漏斗裡裝。但是當這個孩子拿起漏斗,沙子從底部漏掉時,媽媽立刻蹲下說:「來,媽媽教你!把漏斗對準瓶口,再把沙子從這裡灌下去。」

有些家長願意為孩子付出一切,認為多告訴孩子一些,孩子就多知道一些。但是他們沒有意識到,「走冤枉路」後獲得的記憶更為強烈,讓孩子去「走冤枉路」其實也是一種學習方法。

Part 5 「鼓勵孩子自立」的話
　　　——獨立而自信的孩子，全世界都會為他讓路

　　記得一位教育家曾經說過：「你每告訴孩子一個答案，就剝奪了孩子一次學習的機會。而且，在不恰當的時間點告訴孩子答案，實質上可能是一種強制性的灌輸。」

　　所以，高 EQ 的父母都會選擇和孩子一起探討問題的結果。比如，孩子看到天上的彩虹，問媽媽：「媽媽，為什麼天空會出現彩虹呢？」直接告訴答案，對孩子沒有幫助，就像是我們在替他們做腦力訓練。這時候，媽媽可以把孩子的問題反問回去：「這是一個很有意思的問題哦，你覺得彩虹是怎樣形成的呢？」讓他們做進一步的思考，才是最有幫助的。當孩子經常被一些問題包圍，自然就形成一種自我解決問題的慣性，並隨著不斷嘗試解決問題而強化解決問題的能力。

　　進行探討而不是直接給出答案，最重要的一點就是，父母要留給孩子時間去思考，耐心地等候他們經過思考後的回答。成年人一個大毛病就是盼望孩子一問即答。研究顯示，成年人等候的耐心通常不超過兩秒鐘。這樣短的時間孩子根本來不及思考。而當你給孩子超過三秒的「等待時間」時，孩子的回答往往更符合邏輯、更完整和帶有創造性，孩子思考的能力也將更為完善。

　　在幫助爸爸洗刷盥洗室的時候，瑪格麗特發現盥洗室裡用的橡皮活塞擠壓地面時，會和地面黏住，用盡全力才能把它們拉開。

　　瑪格麗特很困惑地對爸爸說：「爸爸，我要用好大的力氣才

能把它們拉開。」

爸爸問：「為什麼妳用這麼大的力氣才能把它們拉開呢？」

瑪格麗特稍微想了一下說：「因為裡面的空氣被封緊了。直到我拉出一條縫，才全部跑出來，於是就聽見『啪』的一聲響。」

爸爸沒有發表評論，他耐心地看著小瑪格麗特。瑪格麗特說：「嗯，也許不是這樣的，讓我再想想。」

過了一會兒，她開心地說：「爸爸，我知道了。是因為所有的空氣都被擠出了活塞，裡面的空氣壓力比外面的大氣壓力小。」

父母還可以鼓勵孩子善用外部的資源自己去尋找答案。比如：提醒孩子到書上去找答案，這也是培養孩子熱愛讀書的小技巧。當孩子知道他的許多問題都能在書上找到答案時，慢慢地，就會喜歡上讀書。讓孩子自己形成遇到問題、解決問題的自立思想。

會說不如會問，把問題拋給孩子

天下沒有父母不希望自己的孩子一生一帆風順，無憂無慮。可是，現實卻總是讓父母的願望落空，每個人的一生總是被各

Part 5 「鼓勵孩子自立」的話
——獨立而自信的孩子,全世界都會為他讓路

式各樣的問題困擾,而且這些問題是從一個人的童年中就開始出現的,只是那時候大多數的問題都被父母代替解決掉了。父母愛孩子,樂意去幫孩子解決生活和課業上出現的問題,可是這樣做真的就是對孩子好嗎?

在孩子出現問題的時候,尤其是孩子和別人發生矛盾時,高 EQ 父母通常會選擇將問題拋給孩子,讓孩子自己去解決。因為他們希望孩子真正擁有獨立思考的能力和獨立解決事情的能力。

暑假,媽媽帶著 6 歲的嬌嬌回到了鄉下的外婆家,嬌嬌從小一直在城市裡長大,沒有來過鄉下,所以對這裡的一切都充滿了好奇。

有一天,嬌嬌在表弟的房間裡看到了一盆很漂亮的花,就想把它帶回自己家。可是表弟卻不願意送給她,結果嬌嬌就和表弟搶了起來。媽媽和舅舅聞聲都趕了過來。

「姐姐是個壞人,搶我的花。」表弟哭著說。

「是你太小氣了,一盆花都捨不得給我。」嬌嬌也哭了起來。

晚上睡覺的時候,嬌嬌還是很生氣,媽媽就對她說:「如果表弟像妳一樣,去搶妳最愛的那個洋娃娃,妳會怎麼樣?」

「我當然不給他!」嬌嬌脫口而出。

「那妳搶表弟最愛的那盆花,表弟為什麼要給妳呢?」

嬌嬌被媽媽說得啞口無言。第二天早上,嬌嬌就去找表弟

道歉:「我覺得昨天搶你的花,是我的不對。我們交換,好不好?我想要你的花,你想要我的什麼?」

「我喜歡妳那本講小雞卡梅拉的繪本!」

就這樣,嬌嬌自己和表弟達成了和解,還用繪本交換到了她自己想要的花。

將問題拋給孩子,不僅可以鍛鍊孩子獨立思考和解決問題的能力,還可以讓孩子逐漸養成站在別人的角度思考問題的習慣,這對於孩子日後的人際交往有著莫大的裨益。此外,在孩子犯了錯誤時,將問題拋給孩子,有利於孩子自主地認識到自己的錯誤,並且主動去改正錯誤。

樂樂是家裡的獨生子,但是爸爸媽媽從來都不會去寵溺他,對於他偶爾表現出來的小缺點,他們總是想方設法地給予及時糾正。

有一次,樂樂從幼稚園拿了七八顆小氣球回來,驕傲地給媽媽看。「媽媽,妳看,我今天拿了好多氣球。」

「你們老師發給你的嗎?」

「不是,老師說,自己想要隨便拿,我就去拿了這麼多,班上有好多小朋友都沒有搶到。」

媽媽覺得樂樂這樣做有些自私,於是對樂樂說:「樂樂,如果拿了七八顆氣球的是你的同桌圓圓,你一個都沒有拿到,你會怎麼想呢?」

Part 5 「鼓勵孩子自立」的話
　　　——獨立而自信的孩子，全世界都會為他讓路

「嗯，我會覺得圓圓真討厭！」樂樂很不好意思地說出了這句話。

「那圓圓接下來要怎麼做，你才會覺得她不討厭了呢？」

「除非，她把她的氣球給我一個，」樂樂低下了頭，「媽媽，我明天就去把氣球分給班上沒有的同學。」還沒等媽媽開口，樂樂就已經知道自己要怎麼做了。

總之，在孩子的生活和課業上出現了類似問題時，父母將問題拋給孩子，讓孩子自己解決，對孩子的成長是非常有好處的。

培養 1＋1＞2 的意識，讓孩子更自立

星期六上午，一個小男孩在他的玩具沙箱裡玩耍。沙箱裡有他的玩具小汽車、敞篷貨車、塑膠水桶和一把塑膠鏟子。在鬆軟的沙堆上修築公路和隧道時，小男孩在沙箱的中部遇到了一塊巨大的岩石。

小傢伙開始挖岩石周圍的沙子，企圖把它從沙子中弄出去。他手腳並用，沒有費太大的力氣就把岩石弄到了沙箱的邊緣。不過，這時他才發現，他無法把岩石向上滾動，翻過沙箱邊框。

小男孩下定決心，手推、肩擠、左搖右晃，一次又一次地

培養1＋1＞2的意識，讓孩子更自立

向岩石發起衝擊。可是，每當他剛剛覺得取得了一些進展的時候，岩石便滑脫了，重新掉進沙箱。

小男孩只得拼出吃奶的力氣猛推猛擠。但是，他得到的唯一回報是岩石再次滾落下來，砸傷了他的手指。最後，小男孩傷心地哭了起來。

整個過程，小男孩的爸爸透過起居室的窗戶看得一清二楚。當淚珠滾過孩子的臉龐時，爸爸來到了跟前。

爸爸的話溫和而堅定：「兒子，你為什麼不用上所有的力量呢？」

垂頭喪氣的小男孩抽泣道：「我已經用盡全力了，爸爸，我已經盡力了！我用盡了我所有的力量！」

「不對，兒子，」爸爸親切地糾正道，「你並沒有用盡你所有的力量，你沒有請求我的幫助呀！」

爸爸彎下腰，抱起岩石，將岩石搬出了沙箱。

「兒子，記住，一個人的力量終歸是有限的，你必須學會尋求他人的幫助，學會和他人合作。知道嗎？」爸爸語重心長地對兒子說道。

兒子看著爸爸，點了點頭。

現代社會正處於知識經濟時代，各行各業的競爭日趨激烈，然而這些競爭並不是靠個人單槍作戰就可以取勝的。因此，父母在教育孩子時，應該注重從小就培養孩子的合作精

Part 5 「鼓勵孩子自立」的話
——獨立而自信的孩子，全世界都會為他讓路

神，讓他們懂得 1＋1＞2 的道理。如果一個孩子有著強烈的團結合作意識，並時刻將這種意識轉化為自覺的行動，這樣的孩子長大以後往往也能爭取到更多成功的機會。

然而，在獨生子女比例越來越大的今天，每一個孩子的好勝心都很強，都想勝過他人。大多數的孩子都缺乏這種團結合作意識。這種狀況與我們所處的需要合作意識的資訊時代甚不合拍，十分令人擔憂。

對此，父母在鼓勵孩子與人交往時，要幫助孩子樹立很強的團隊意識，培養孩子與人合作的精神。我們的社會是由人組成的，社會的發展需要人的團結合作。每個人都要藉助他人的智慧完成自己人生的超越，於是這個世界就會充滿競爭與挑戰，也會充滿合作與快樂。

學會合作，是對人與人之間、國家與國家之間互相依存程度越來越高的時代提出的一個十分重要的命題，這對父母在培養孩子適應社會的能力以及健康積極的個性上提出了更高的要求。對當代父母來說，在孩子很小的時候就培養他們與人合作的團結精神尤為重要。

一個孩子，一般不會在需要合作的情景中自發地表現出合作行為，他們也不知道應該如何合作，這就需要家長教給孩子合作的方法，指導孩子怎樣進行合作。

我們可以為孩子安排一些活動，讓孩子在活動中體驗合作

的重要性。比如：有四個小朋友，但是卻只有三件玩具，怎麼辦？在話劇表演中，好幾個小朋友都想演同一個角色，怎麼辦？……讓孩子們在玩的過程中遇到問題，鼓勵他們自己想辦法解決。

為了孩子的未來，為了孩子的幸福，希望所有父母都能明白團結合作的重要性，並切切實實地將其貫徹到孩子發展的每一步。

Part 5 「鼓勵孩子自立」的話
　　　　——獨立而自信的孩子，全世界都會為他讓路

Part 6
「贏得孩子合作」的話
—— 學會這些套路,原來高 EQ 這麼簡單

Part 6 「贏得孩子合作」的話
——學會這些套路，原來高 EQ 這麼簡單

孩子像蝸牛一樣慢？揪出原因附對策

早上催起床：

「快點起床了，上學要遲到了！」叫第一遍不起，叫第二遍哼哼唧唧回一聲，叫第三遍才不情願地爬起來，瞇著眼拖拖拉拉穿衣服。

中午催吃飯：

「快點吃，飯都冷掉了！」吃飯慢慢悠悠不著急，一根一根地挑著麵條吃。

回家催作業：

「快點寫作業！」一會兒要喝水，一會想吃水果，一會又想上廁所，拖拖拉拉什麼時候才能寫好啊！

晚上催睡覺：

「快點睡覺了，明天起不來了！」十點半了，孩子還窩在沙發上看卡通。催一聲沒動靜，再催他就頂嘴。

這些情景是不是很熟悉？每天，家長都要和孩子說上很多遍，因為孩子實在是太會拖了！

拖拖拉拉似乎是孩子們的通病，很多媽媽一聊起這個話題來就滔滔不絕，一把辛酸淚。早上時間有限，看著孩子從起床、吃飯到準備上學，樣樣拖延，三催四請還是慢吞吞的，最

容易令父母心急，讓人忍不住拉開嗓門責備孩子。

結果大人發火了，孩子卻淚眼汪汪地站在那裡不知所措。慢吞吞已經夠讓人心煩了，若再加上教育不當，衍生其他衝突或心智成長上的問題，那就更令人困擾了。孩子拖延的問題就像滾雪球一樣，越滾越大，長大後往往會「沒擔當」，而其後果就是被人排斥，缺乏領導力，在碌碌無為中度過平庸的一生。

孩子為什麼那麼會拖？應對孩子的拖延，這裡整理出一些建議，供家長們參考：

■ 孩子有自己的節奏，尊重孩子的節奏

臺灣著名作家龍應台在《孩子，你慢慢來》一書中寫道：我，坐在斜陽淺照的臺階上，望著這個眼睛清亮的小孩專心地做一件事。是的，我願意等上一輩子的時間，讓他從從容容地把這個蝴蝶結紮好，用他5歲的手指。孩子，慢慢來，慢慢來……

孩子的成長是有自己的節奏的，只有在自己最舒服的節奏下，才能不斷練習、慢慢成長。教養孩子一定要符合其身心發展規律，慢慢來。

有些孩子天生慢性子，做什麼事都不會很快，但是他不馬虎，做事很仔細，那麼作為父母的我們就不需要太過擔心。每個人做事情的節奏都是不一樣的，也許父母的節奏很快，但孩子卻「不合拍」，做起事來不慌不忙。其實父母應該感到高興，

Part 6 「贏得孩子合作」的話
　　　──學會這些套路，原來高 EQ 這麼簡單

這表明孩子很穩重，他有自己的節拍。父母急躁的催促會打亂孩子的這種節奏，會產生孩子不知道怎麼辦的結果。時間長了，孩子不但改不了磨蹭的問題，還會因為家長頻繁的催促而變得自信不足、性格怯懦。

如果父母擔心慢悠悠的孩子與周圍撒歡跑跳的孩子性格不合，可以去觀察自家孩子有什麼比較感興趣、比較關注的社交活動，帶孩子多去一些他喜歡的公共場合，孩子還是會展現符合他年齡層的開朗活潑的。

沒有時間觀念

如果父母覺得孩子做事情雖然認真，但是確實太慢了，可以給孩子限定一個合理的時間，讓孩子在規定的時間內完成。如果孩子按時或提前完成了，父母就要及時給予表揚，例如：「太棒了，你把房間整理得真乾淨，並且還比我們約定的時間提前了五分鐘！我太為你高興了！」如果孩子沒有在規定時間內完成，父母也不要催促，等他把事情做完，再給予鼓勵，比如：「雖然你沒有按我們約定的時間完成，但是你依然堅持做完了，沒有放棄，我很驕傲我的孩子具備鍥而不捨的精神！我相信下次你一定可以做得更好、更快！」

有些孩子的拖延，可能是因為沒有時間觀念。如果是因為孩子沒有明白時間的價值，父母可以對孩子講一些古今中外的成功人士珍惜時間的故事，也可以在孩子的臥室裡張貼一些名

言警句來提醒孩子。如果是因為孩子無法有效理解大人口中的「五分鐘」、「半小時」到底是多長一段時間,父母可以利用計時器來幫忙,當你要求孩子「五分鐘穿好衣服」、「半小時吃完飯」時,設定好相應的時間,讓孩子真實感受到「五分鐘」、「半小時」到底有多長。

事情超出能力範圍

有的時候,孩子做事情慢是因為超過了他們的能力範圍,他們也想快,可就是快不起來。比如:幼稚園或者小學低年級階段的孩子,神經、肌肉發育不成熟,大腦和手腳的配合不是很靈活,所以他們在穿衣服、扣釦子、用筷子吃飯時,會比較吃力,就顯得「慢吞吞」了。

再比如:老師發布的作業太多了,或者孩子對被要求做的事不感興趣,再加上有些家長可能會嘮嘮叨叨,指責埋怨,孩子就會產生叛逆心理,選擇主動逃避,故意拖延來表達不滿。

養孩子,本來就是個細工作,你越急,問題越多。所以,家長要耐著性子,多陪伴孩子,教會他們一些基本的技能;還要多鼓勵孩子,主動引導孩子克服困難,提高效率。

教養方式有問題,父母幫得越多,孩子越會拖

嫌孩子自己吃飯慢,就端起碗餵飯;嫌孩子書桌亂,就幫孩子收拾……父母這種「包辦代勞」的做法直接剝奪了孩子鍛鍊成長的機會,導致孩子滋生嚴重的依賴心理,一切等著父母來幫忙安

Part 6　「贏得孩子合作」的話
　　——學會這些套路，原來高 EQ 這麼簡單

排，變得缺乏主動性，沒有主見，逐漸養成了做事拖延的習慣。

可以說，每一個拖拖拉拉的小孩背後，都有一個操心的大人。所以，父母必須剔除對孩子的多餘關愛，不能因為看孩子做得慢就包辦代替，而應該讓孩子了解並學會自己的事情自己做，適當地面對風雨，盡快成長起來。

■ 不能責備打罵

其實，對於孩子做事拖拉，家長發脾氣一點用也沒有，反而使孩子產生心理陰影，家長也生氣，真是兩敗俱傷。所以，請不要發火，平心靜氣地和孩子聊聊，找到孩子超時的原因。

比如：孩子的數學作業半個小時就可以完成，他卻用了一個小時，那麼你可以這樣和孩子說：「寶貝，今天的數學作業你有遇到什麼困難嗎？」

如果孩子確實遇到自己不會的難題了，我們可以跟孩子說：「你願意告訴我，你是哪裡不會嗎？也許我可以幫上忙。」

如果孩子遇到難題自己解決了，父母一定要抓住機會對孩子進行鼓勵：「媽媽小時候有一次遇到一道難做的題目，怎麼也沒有做出來呢！你靠自己的努力做出來了，真棒！」

還有一種原因，就是孩子不喜歡數學，所以故意做得很慢，父母就要找到孩子不喜歡數學的真正原因，從根源上解決問題。

以上五點原因和應對方式，最重要的就是——「等等」孩

孩子像蝸牛一樣慢？揪出原因附對策

子！明白了這些,那麼,你可以等等孩子了嗎?

最後,送給大家一首詩,來自臺灣作家張文亮的〈牽一隻蝸牛去散步〉:

> 上帝給我一個任務,
> 叫我牽一隻蝸牛去散步。
> 我不能走太快,
> 蝸牛已經盡力爬,每次總是挪那麼一點點。
> 我催牠,我唬牠,我責備牠,
> 蝸牛用抱歉的眼光看著我,
> 彷彿說:「人家已經盡力了嘛!」
> 我拉牠,我扯牠,甚至想踢牠,
> 蝸牛受了傷,牠流著汗,喘著氣,往前爬……
> 真奇怪,為什麼上帝叫我牽一隻蝸牛去散步?
> 「上帝啊!為什麼?」天上一片安靜。
> 「唉!也許上帝抓蝸牛去了!」好吧!鬆手吧!
> 反正上帝不管了,我還管什麼?
> 任蝸牛往前爬,我在後面生悶氣。
> 咦?我聞到花香,原來這邊有個花園。
> 我感到微風吹來,原來夜裡的風這麼溫柔。
> 慢著!我聽到鳥叫,我聽到蟲鳴。

Part 6 「贏得孩子合作」的話
——學會這些套路，原來高 EQ 這麼簡單

我看到滿天的星斗多亮麗！

咦？我以前怎麼沒有這般細膩的體會？

我忽然想起來了，莫非我錯了？

是上帝叫一隻蝸牛牽我去散步。

孩子過馬路不讓牽手，媽媽這麼說皆大歡喜

在生活當中，不經意間就會發現父母對孩子說話時總是充滿了命令式的語氣。相信在不少家庭中，我們都可以看到這樣的場景：

「去，馬上給我回房間寫作業！」「不准說話，趕緊吃飯！」「今天必須去補習班上課！」

很多父母認為，對孩子發號施令是做父母的權利，這樣居高臨下、命令式的語調能展現自己的威嚴，能讓孩子更聽話。其實不然。慢慢長大的孩子，有了獨立自主的意識，對父母命令的口氣很反感，認為父母不尊重自己，內心會產生反抗心理，不願意聽從父母。

田田今年 5 歲了，這一天他正在跟隔壁的曉彤在社區的花園裡吹泡泡。突然田田媽媽急急忙忙地拉著他往社區外面走，原來媽媽有急事要出差，準備把田田送到外婆家去，爸爸已經

在社區外面等著他們了。

媽媽沒有對田田說明原因,只是拉著田田打算離開。田田說:「我要吹泡泡。」

「我叫你快點走,你聽見了沒有?爸爸就在外面等著我們呢,快點!」媽媽邊說邊拉著田田往外面走。

結果田田就是不走,不一會兒就大哭了起來。

這時爸爸走進了社區。「這孩子太不懂事了,什麼時候了還要吹泡泡。」媽媽生氣地說。

「田田,媽媽今天有急事,要把你送到外婆家。等從外婆家回來,再和曉彤一起吹泡泡,好不好?」爸爸蹲下來對哭著的田田說。

田田抹了抹眼淚,點了點頭。爸爸抱起田田往外走,媽媽向爸爸伸出了大拇指。

在教育孩子的過程中,很多父母會忽略一點,那就是孩子是一個獨立的個體,有自己的想法,也有強烈的自尊。在向周圍世界學習的過程中,孩子更喜歡處於主體地位,做學習的主人,而不是一直被動地接受父母的指令。強迫責令,以成人為中心,往往使孩子被動,收不到好效果;而了解孩子、尊重孩子、引導孩子才是成功的教育方法。

兩個人站在變綠的號誌燈下,卻不過馬路,在旁人看來可能顯得奇怪。靖子想領著3歲的兒子過馬路,可是兒子不願意

Part 6 「贏得孩子合作」的話
　　　——學會這些套路，原來高 EQ 這麼簡單

牽手，而那條馬路上車來車往，甚至還有大卡車。

「這裡很危險，拉住我的手！」靖子說了很多遍，可是兒子每次都說「不」，就是不牽手。看來兒子不想被當成小孩子對待，儘管他明明就是個小孩子……

號誌燈又變綠了，可是兩個人仍舊站在原地。靖子望著再度變綠的號誌燈嘆氣。突然，她想換一種說話方式會不會有效呢？

「我一個人很害怕，你能不能拉著我的手一起過馬路？」她反過來把兒子當作大人對待了。結果，兒子很開心地牽住了她的手。靖子如願地牽起兒子的小手，放心地過了馬路。

渴望被尊重、被認可、被認同的心理需求，你有、我有、大家有——每一個人都有，哪怕是只有 3 歲的小孩子！差別只在多或少而已。

不知道父母有沒有發現，自己在權威心理的支配下命令孩子的時候，說話的態度往往是簡單而生硬的；而在尊重的基礎上和孩子平等溝通時，說話的口氣往往平和了不少。溫和的態度更容易讓孩子接受，粗暴的態度卻容易遭到孩子的反抗。

所以，溫和的溝通比生硬的命令往往有效得多。孩子在接受命令時，是被動的，而在和父母溝通時，孩子的接受是主動的。比起被動的指派，主動的接受就多了一種愉悅的心情，這也是孩子為什麼討厭父母直接命令的原因。

透過溝通，很容易讓孩子站在他人的立場上思考，還容易

讓孩子養成理解他人的習慣。只有這樣，孩子才有可能成為一個全面發展的優秀人才。所以，當下次父母命令孩子，而孩子依舊無動於衷時，不妨換個方式，以平等的身分和孩子溝通，這樣就能夠讓孩子願意接近你。

孩子膽小，是你無心布的局

在獨生子女中，多數孩子活潑好動，能言敢為。但也有為數不少的孩子在家裡很放得開，但在外面就不行，整個人變得畏畏縮縮，不敢和其他小朋友一起玩，沒有同齡孩子那種愛動、貪玩、好奇的特點。他們靦腆，說話聲音低微，主動要求少，不敢一個人外出等。

懦弱膽小的孩子，儘管思維能力和才華與其他孩子一樣，但由於這種性格缺陷，在能力上往往得不到正常的發展。他們怕與人共處、與人競爭，沒有較強的社會適應能力。長大之後，在事業上和社會適應方面都有較大的困難。

契訶夫的小說《小公務員之死》中，那個可憐的小公務員看戲時不幸與部長大人坐到了一起，把唾沫星子弄到了部長的大衣上，他就變得神經質般的惶惶不安。無論他如何解釋，部長大人好像都沒有原諒他的意思，這個小公務員在巨大的精神壓力下，竟然一命嗚呼了。

Part 6　「贏得孩子合作」的話
——學會這些套路，原來高 EQ 這麼簡單

當然這是文學作品，但在生活中，也同樣有這樣性格怯懦的人，自己為自己製造煩惱，自己嚇自己，影響情緒。

孩子的怯懦性格與家庭環境、社會環境關係極大。因為孩子在小時候心智還沒有發展成熟，很容易受到周圍環境的影響。

莎拉是個膽子很小的孩子，她從小生活在爺爺奶奶身邊，爺爺奶奶對她精心呵護，日常生活幾乎一手包辦，慢慢地，莎拉就養成了內向、膽怯的性格。

後來，莎拉回到父母身邊生活，爸爸脾氣暴躁，莎拉在他面前經常嚇得什麼都不敢說、不敢做。一天，家裡來了客人，爸爸讓莎拉幫客人倒水，一不小心，茶杯摔在了地上，爸爸當著客人的面劈頭蓋臉地就罵道：「妳真是個笨豬！」生性敏感的莎拉羞愧得無地自容。

當天晚上，莎拉做了一個噩夢，看見爸爸惡狠狠地用手指著她的臉。從那以後，莎拉看到爸爸就緊張，越緊張越是出錯，每當這時，爸爸都毫不留情地加以訓斥。莎拉最後患了恐慌症，每天晚上都做噩夢，一點風吹草動都緊張到不行。

當這些恐懼悄悄在孩子心裡埋下種子，沒有得到父母的重視和疏解，它們就會一直生根發芽，直到像一張網把孩子牢牢箍住，使孩子變得越來越孤僻懦弱。這一性格缺陷對兒童的身心健康有很大影響，應及早矯治。

可以說，孩子的絕大部分害怕和恐懼，並不是與生俱來

的，家長無疑有著不可推卸的責任。比如：父母過度限制孩子的活動，不准孩子單獨外出，不讓孩子多接觸同齡夥伴，造成孩子不合群，缺乏一定的社交能力；父母過分嬌寵孩子，事事包辦替代，使孩子喪失鍛鍊的機會；或者父母過分嚴厲，孩子整日戰戰兢兢……

那麼，對膽小的孩子應該如何教育呢？要矯正孩子的懦弱性格，家長應力求做到以下幾點：

營造和諧的家庭氛圍

一個硝煙四起的家庭，會徹底摧毀孩子的安全感。所以，想讓孩子擺脫膽小，父母一定要為孩子創造一個和諧溫馨的家庭環境，讓孩子自由自在地生活，並讓孩子有充分發揮的餘地。家長要盡量克制自己的脾氣，不要總是對孩子打罵訓斥。家長吵架，也千萬不要當著孩子的面。

注意氣勢激勵

怯懦性格的最大弱點是過分畏懼，要克服這一弱點，就要藉助氣勢的激勵。父母要教會孩子用自我鼓勵、自我暗示等方法來培養自己無所畏懼的氣勢。比如：「你能編個故事給我聽聽嗎？」「當然能！」激勵他相信自我。

注意培養不怕失敗、勇於行動的良好心理素養

許多小朋友之所以怯懦，無非就是害怕失敗。但是，越害

Part 6 「贏得孩子合作」的話
——學會這些套路，原來高 EQ 這麼簡單

怕失敗就越不敢行動，越不敢行動就越害怕失敗。這種情況下，父母可以經常對孩子講一些不怕失敗、戰勝困難的小故事。

平時，父母可以特意交給孩子一些對他來說有點困難的任務，當他想打退堂鼓時，及時給予鼓勵和幫助。隨著這類鍛鍊機會的增多，孩子的勇氣就會慢慢累積起來了，就不會感到怯懦了。

◼ 和孩子一起交際吧

怯於和陌生人交往的孩子，往往是不知道如何和別人打交道。父母需要走出家門，到熱鬧的公共場所去鍛鍊孩子的交際能力。比如：週末帶孩子去公園、動物園、兒童遊樂園等，鼓勵孩子主動與小朋友、大人搭話。父母還可以時常邀請朋友來家裡玩，或帶孩子去別人家做客，教給孩子一些基本的社交技能。

◼ 讓孩子做力所能及的事

大人的過分呵護，什麼都替孩子包辦，使孩子過慣了舒適、平靜、安穩的生活，對大人產生了依賴感。一旦離開父母，便無所適從，遇事就怕。所以，要培養孩子獨立、勇敢的性格，家長必須放手讓孩子做力所能及的事，學會生活，比如自己睡覺、半夜獨立上廁所、自己到商店買東西等。這樣做可以增強孩子的自信心，對生活也更樂觀。一個樂觀和自信的孩子，是不可能膽小的。

孩子出口成「髒」？正確引導是關鍵

在公車上，常常會遇到一些髒話連篇的人，這時候周圍的人都會流露出一種鄙夷的表情。如說髒話的人是孩子，就更讓人聽著難受──看上去純潔可愛的孩子，怎麼就出口成「髒」呢？

說髒話的孩子會被認為缺乏教養，會被貼上「壞孩子」的標籤，它直接影響到他們的人際交往。因為幾乎所有父母都不願意讓自己的孩子和說髒話的人交朋友。

貝貝學話慢，平時又不太愛說話，一度讓貝貝媽擔心她是不是有語言障礙。自從上了幼稚園後，貝貝學新詞彙的速度突飛猛進，說話也流利了很多。只是，孩子的童言童語裡，時不時會蹦出一兩個不雅詞彙來。

一開始貝貝媽也沒有很在意，直至有一天，貝貝媽帶貝貝跟朋友在外面吃飯，期間，朋友拿著布丁逗貝貝玩，搶不到布丁的貝貝勃然大怒，突然惡狠狠地爆出一句：「去你×的！」

聲音不大，落到貝貝媽耳裡，卻如驚雷。一方面覺得，女兒怎麼越來越粗俗了；另一方面又覺得，自己女兒在大庭廣眾下這樣爆粗罵人，顯得很沒家教，太丟臉了。

朋友被罵得愣了愣，表情僵硬，不好意思和一個小孩子計較，但心裡多少也是不舒服的，憋了半天，半提醒半調侃地對貝貝媽說：「還是得管管孩子，這麼小年紀，就學會爆粗口，還

Part 6 「贏得孩子合作」的話
　　　──學會這些套路，原來高 EQ 這麼簡單

是個女生，給人觀感不好⋯⋯」貝貝媽尷尬萬分，只能一個勁兒向朋友賠不是，表示回家會好好教育貝貝。

而那個闖了禍的孩子，則一臉無辜地吃著她的布丁，壓根就沒有感受到大人之間的「暗潮洶湧」。

幾乎所有的孩子都罵過人或說過一些髒話。某一天，當你發現孩子用帶著稚氣的聲音說出「去你×的」、「呷賽」、「北七」等語言時，作為家長的你，不禁會感到緊張和擔憂，生怕孩子從此學壞。

那麼，我們該怎麼處理，才能把這些不雅的詞彙從孩子的腦袋裡清除出去呢？

通常講，孩子是不會故意侮辱別人的，所以他可能並不明白這句話的確切意思和惡劣程度。比如：貝貝罵的那句「去你媽的」，貝貝媽後來問她為什麼要說出這麼讓人不舒服的髒話，貝貝很委屈地說：「我只是讓阿姨回她媽媽那裡去！」貝貝媽聽了哭笑不得。

上幼稚園的孩子，語言能力發展迅速，會模仿生活中常接觸到的人或電視節目中的人的語言表達，因為他們好奇心特別強，又沒有足夠的能力來鑑別一些詞、一些話的好壞，所以，對於不經意間傳入耳朵的新鮮詞彙「死×子」、「笨豬」等，他們會特別感興趣，不管好的壞的，他們都先學了再說。而學了，並不代表他們真的懂了，出現用詞不當的情況也就不足為奇了。

由此可見，說髒話只是孩子成長過程中的小插曲，父母千萬不要產生過激反應，但還是應該及時糾正，其中正確引導是關鍵。

面對愛說髒話的孩子，以下幾點需要家長格外注意：

■ 不過分關注，盡量冷處理

孩子的髒話往往並不「髒」，也就是他們的髒話只有「髒」的形式，而不包含「髒」的道德。因此，在我們眼中洪水猛獸般的髒話，對孩子來說只是意味著有趣或者無趣，並沒有太多含義，父母不必過分大驚小怪，反應過度。

如果孩子罵人「傻」，家長很驚訝，表現出異常憤怒的樣子，警告孩子「再說就打你」，孩子看到一個字把大人緊張成那樣，可能會覺得很好奇、很好玩，以後就會有意重複這個字、這句話來引起大人對自己的關注。

對於孩子說髒話，父母冷靜以對是最重要的處理原則。不打不罵不講理，假裝沒聽見，對他不理不問，讓孩子覺得，這個詞毫無意義，重複幾次這樣的冷淡場景，他就會自動停止說這個詞了。

■ 淨化孩子的語言環境

兒童是透過模仿來學習語言的。如果家長經常說話粗俗，滿口髒字，對待鄰居、同事的態度惡劣，當然也就別指望孩子

Part 6 「贏得孩子合作」的話
　　　　──學會這些套路,原來高 EQ 這麼簡單

語言美了。

所以,父母應該提高自身的修養,自己千萬不能說髒話,要替孩子樹立一個好榜樣。然而,很多父母在家時都不注意這一點,動不動就說髒話,孩子耳濡目染,自然也會受到影響,開始說一些髒話。而且,言傳重於身教,父母千叮嚀萬囑咐告誡孩子不要說髒話,可是自己卻髒話連篇,這讓孩子怎麼能信服呢?

另外,父母要經常關注孩子周圍小朋友的情況,為孩子選擇懂禮貌的玩伴,以減少相互學罵人的機會。

■ 給予正確引導

3 歲以上的孩子,就可以跟他說道理了。不妨先詢問他是否知道這些語彙是不尊重、不成熟的行為?他真正想說的是什麼?如果換個方式,他會怎樣表達?只要能耐心向孩子說明,他就會信服你。

孩子說髒話固然不好,但父母不妨透過這個契機,幫助孩子樹立是非觀念。看卡通或者看繪本的時候,如果有罵人的情節,父母就可以藉機告訴他,哪些詞是不好的,別人不喜歡聽,不能用;哪些詞是好的,大家喜歡聽,可以用。讓孩子理解詞語的意義,學習正確的表達方式。

■ 配合一些小小的懲罰

對於5歲以上的大孩子，如果給予警告之後，仍然說髒話，父母就可以立出相應的懲罰機制。比如：如果說髒話，就沒收他最喜歡的玩具，或者取消他下週的糖果……一旦向孩子宣告了這樣的決定，父母無論如何都要堅持，不能因為孩子哀求或其他原因而輕易放棄原則。

每個父母都希望自己的孩子是一個受人歡迎的小孩，那就從教孩子不要說髒話開始吧！

孩子為什麼會說謊？看看阿德勒怎麼說

說謊是孩子常見的行為，也是家長教育不當的結果。由於年齡小，孩子不能區分真實與想像、理想與幻想的不同，有時他是在表達自己的意向，可在大人看來就像是在說謊。4歲以前，孩子會把父母是否高興作為衡量自己行為對與錯的標準。比如：孩子把碗打碎了，認為媽媽一定會生氣，這時他就會說「是貓把碗打碎的」。這個年齡階段的孩子是意識不到自己說謊行為的性質的。

然而，對於6～7歲的兒童，如果家長沒有注意到孩子是因怕家長生氣而不承認自己的錯誤行為，也沒從道理上使其明

Part 6 「贏得孩子合作」的話
——學會這些套路，原來高 EQ 這麼簡單

白行為的性質和界限，也不做必要的耐心的糾正，這種行為就會慢慢固定下來，養成習慣，用說謊來逃避責任。

說謊的常見原因有以下幾種：

▪ 家長「逼」出來的謊言

心理學家阿爾弗雷德·阿德勒曾經說過：「當我們面對孩子說謊的案例時，一定要看其背後是否有嚴厲的父母。」

孩子做了好事會被讚揚，所以做了任何好事都不會瞞著大人。但曾經犯錯被父母懲罰的孩子，由於習得的經驗，他們在下次犯錯時就會選擇撒謊來逃避懲罰。當撒謊逃避懲罰的行為得逞後，孩子撒謊的行為便會慢慢固化下來了。

▪ 家長「教」出來的謊言

孩子模仿性強，可塑性大，家長的一言一行，他都會看在眼裡、記在心上，從而對孩子產生潛移默化的影響。

▪ 為了滿足某種目的而說謊

這種情況常見於 5～6 歲的孩子，他們為了得到某種利益而說謊。

對於父母而言，讓孩子知道無論在家裡還是在外面，說謊都會陷入更糟糕的麻煩中，這非常重要。

艾瑞克的媽媽接到班導打來的電話，被告知兩天前艾瑞克在休息時間揍了某個同學，老師讓他帶張字條回家讓父母簽

名,但是,艾瑞克並沒有把父母簽名後的字條帶回學校。

當然,媽媽對字條的事一無所知,她謝過導師,答應等艾瑞克回家後她馬上處理這件事。媽媽知道艾瑞克的脾氣很暴躁,以前就沒少惹禍。

艾瑞克放學回家來了。

「媽媽,我回來啦!」他像天使一般。

「放學啦!」媽媽抑制著怒氣。她努力提醒自己小孩子常常會做這樣的事。

「今天學校沒有東西要交給我嗎?」媽媽想給艾瑞克最後一次機會。

「沒有呀。」艾瑞克一邊平靜地回答,一邊仔細地在餅乾罐中翻找著。

「我剛接到你們班導的電話。他說兩天前你就應該給我一張字條,上面說你在休息時間行為不當。字條還得由我簽名。」

她很快提醒自己,覺得沒有必要再問他「你確定嗎」之類的問題,那只會給他再次撒謊的機會,且使自己受挫。

「哦,我弄丟了。」艾瑞克低頭看著地板說道。

「我知道了。」媽媽點點頭,「那你至少也要告訴我這件事。」

「我忘記了。」艾瑞克聳聳肩膀說。

「但是我很懷疑。你可能只是希望我不會發現吧!」媽媽就事論事地說。

Part 6 「贏得孩子合作」的話
——學會這些套路，原來高 EQ 這麼簡單

艾瑞克又聳了聳肩膀。

「艾瑞克，你知道我不喜歡你總是闖禍，我想了解你究竟做了什麼。但讓我更難過的是，你還說謊。」

「我沒有！」艾瑞克抗議說，「我什麼也沒有說。」

「那就是說謊。沒有把字條帶回家，於是說『我弄丟了』，但事實上你沒丟。」媽媽做出解釋。

「我很抱歉。」艾瑞克溫順地說。

「因為你打人，我該罰你兩天不能看電視。你知道爸爸和我已經跟你說了很多次，生氣時，要動口，不能動手。這次你還不把字條給我們看，所以罰你四天不准看電視。」

「這不公平。」艾瑞克大叫。

「這很公平，因為你說了謊。我們家是不能說謊的。而且，艾瑞克，你以為會發生什麼事？你當然知道我們早晚會發現字條的事，你以為我會怎麼做？」

「我不知道……」艾瑞克咕嚕著，「我知道妳會大發雷霆。」

「那又怎麼樣呢？」媽媽平靜地說，「就算我大發雷霆又怎樣呢？我還是愛你的。」媽媽微微一笑，「即使你四天不能看電視，那也是很短暫的時間。你現在明白了說謊會得到加倍的懲罰了吧？」

艾瑞克沒有再說什麼，默默地回到自己的房間。

幾乎所有的孩子都曾撒過謊。艾瑞克撒了謊，但和媽媽的

對話卻讓他擺脫了心理上的包袱。其實,他內心明白父母早晚會發現的,而現在他知道了懲罰雖然令人不快,卻並不恐怖。他告訴自己,下次他會承認錯誤,那樣的話,他就不會錯過一個星期的《湯姆貓與傑利鼠》了。

培養一個誠實的孩子是很重要的,這樣的孩子在面對自己的錯誤時,不會感到自卑,反而會勇敢面對。稱讚孩子勇於承認錯誤,父母看重的是他的誠實,而非他的錯誤本身。這樣做的結果是,孩子會了解即使為此受到懲罰,自己仍然能被愛和受到重視。

說謊是一種不愉快的經驗,不管說謊者還是被騙者,都會感覺不舒服。簡而言之,如果能夠選擇的話,孩子很可能更願意不去說謊。他說謊只是因為他不想惹麻煩,會失去某種權利,無法再做某些他很想做的事情等等。

謹記,父母清楚地表明說謊會受到加倍的懲罰,孩子就會在冒險之前,再三考慮,因為大多數孩子都明白謊言被揭穿的可能性是相當大的。要想有效制止孩子的撒謊行為,父母還可以注意掌握以下一些技巧:

◼ 深究原因,給予懲罰

父母要深入探究孩子說謊的原因,並且有針對性地加強懲罰。如果孩子是害怕你生氣,你就需要解釋你的怒氣其實來自失望和受到傷害,因為你相信你和他之間存在某種信任感,可

Part 6　「贏得孩子合作」的話
——學會這些套路，原來高 EQ 這麼簡單

以包容他偶然的犯錯。你應該要求他坦言是否做了錯事，你也向他坦言他應該接受相應的懲罰。這樣，你就不會太失望，因為你不喜歡他再用說謊去錯上加錯。

■ 父母一定要做到不撒謊

父母不但要做到在孩子面前不撒謊，而且還要注意不要提示孩子撒謊。因為很多父母經常用啟發孩子說謊的方式了解他們做的事情。

■ 孩子拒不承認，你要查明原因

如果在證據確鑿時，孩子仍堅持不承認撒謊，你就應該平靜地問他為什麼這麼做。換言之，你強調的重點不在於要他坦白承認說謊，而在於討論當事實已經擺在眼前時，他為什麼還要堅持否認。這時，父母要盡量控制自己的怒氣，否則只會讓他更難以面對真相。可以試著問他一個問題：「如果真相大白，你想你會怎麼樣？」

■ 孩子坦白實情，你要先稱讚後懲罰

如果孩子決定不再撒謊，並告訴你實情，你一定要記住稱讚他，但不要忘記懲罰。你可以說：「我很高興你告訴我了，我相信你是可以信任的。你如果不說實話，我會罰你兩天不准騎腳踏車。但現在，你只需要為那個錯誤承擔一定的責任，所以我把懲罰減少了一天。」

父母要自我反省

父母要捫心自問：是不是因為自己的原因促使了孩子撒謊？你要試著誠實地評價：你是否無法接受壞消息？你是否經常做出強烈並且令人感到畏懼的情緒反應？如果是，那麼是你自己給孩子提供了撒謊的基礎。

說謊並不是悲劇，不過這種行為表示孩子有所隱瞞。他不是害怕他的所作所為，就是害怕你。不管哪種情況，如果孩子知道你會適當地處理不當行為，並且考慮他的需求，那麼說謊的情況就能得到相當程度的改善。

最後，提醒有些父母，如果你認為孩子小小的謊言沒有什麼危害，甚至覺得他們很滑稽可愛，那麼切記，撒謊一旦養成習慣，在孩子長大後就會變成罪惡的根源。並且，如果這種習慣一旦形成，再期望去改變它，只會事倍功半。

孩子不愛刷牙？別急別煩，這裡有辦法

對於孩子刷牙這個話題，我想是媽媽們最為關心，也是最為困擾的。因為通常情況下，孩子是不會乖乖刷牙的，有的一邊刷一邊玩，有的直接拒絕刷牙。理由還真是五花八門：「牙膏好辣啊」、「牙刷好硬啊」、「我的牙刷太醜了」、「刷牙好麻煩

Part 6 「贏得孩子合作」的話
——學會這些套路，原來高 EQ 這麼簡單

呀」……刷牙成了媽媽和孩子每天必打的戰爭，總是弄得雙方都不愉快。

可是不刷牙可不行呀！一般來說，孩子到了 2 歲左右時，二十顆乳牙都萌出後，就應該開始學刷牙了，3 歲左右就應該讓孩子養成早晚刷牙、飯後漱口的習慣，預防乳牙齲齒和各類口腔疾病的發生。

那麼，怎麼才能讓孩子養成刷牙習慣呢？

■ 了解孩子為什麼不喜歡刷牙

如果是覺得牙膏辣，或者是不喜歡牙膏的口味，可以多買幾種讓孩子嘗試，讓他自己選擇喜歡的牙膏。在影響孩子生活的事情上，父母要多給孩子選擇的機會、說話的機會。

如果是刷毛太硬，放在嘴巴裡不舒服，建議媽媽在孩子刷牙前，將牙刷用溫水浸泡幾分鐘，讓刷毛變得柔軟。

如果是嫌牙刷醜，可以陪孩子一起去超市，讓他自己選擇喜歡的款式。你還可以讓孩子去挑選自己喜歡的杯子，多換幾個也無妨，畢竟讓他保持新鮮感願意刷牙才最重要。

另外，家裡準備兩套牙具，當孩子不願意刷牙的時候，媽媽可以嘗試用二選一的方法引導孩子刷牙。

還有一種情況，可能是孩子之前有過不好的刷牙體驗。有的媽媽嫌孩子刷得不乾淨或者動作慢，就會取而代之，幫孩子

刷牙。如果用力不當，就會導致牙刷弄疼牙肉，孩子也會因此厭惡刷牙。

理解孩子，永遠是和孩子和睦相處的第一步。了解了孩子不喜歡刷牙的原因，採取相應的解決辦法之後，孩子就會更好地配合我們了。

邀請孩子一起給玩具刷牙

這是網路上的一位媽媽提到的一個辦法。

孩子有一個很喜歡的小熊玩具，每天晚上替孩子刷牙前，媽媽會跟孩子說：「寶貝，小熊一天都沒刷牙，牙痛了，蛀牙了，你幫牠刷刷牙，好嗎？」孩子很樂意地接過媽媽準備好的牙刷幫小熊刷起來。

幫小熊刷完牙後，媽媽表揚孩子刷得好，並說：「小熊真乖，幫牠刷牙牠配合得真好。」然後問孩子，「寶寶想不想讓小熊看看你也很乖，也會好好配合媽媽刷牙？」孩子高興地說好，史無前例地配合媽媽刷牙。這樣幾天下來，孩子再也不厭煩刷牙了。

透過遊戲互動，使刷牙變得更加充滿樂趣

比如：和孩子一起刷牙，比比誰刷牙最積極、最認真、最徹底，獲勝者能得到一張小貼紙。刷完之後聞一聞孩子的口腔，誇讚他：「嗯，真的太香啦！」

再比如：邊唱兒歌邊刷牙。「我刷我刷我刷刷刷，我刷我刷

Part 6 「贏得孩子合作」的話
　　　──學會這些套路,原來高 EQ 這麼簡單

我刷刷刷,我上上下下,我前前後後,我仔仔細細,我輕輕柔柔,我快快樂樂,睡前起床三餐飯後刷牙漱口,因為牙齒是我的好朋友。」

■ 多陪孩子看書,看看繪本

有句話說得好:一百句嘮叨比不過一個故事。多陪孩子看一些關於刷牙的繪本,比如《刷牙小小兵勇闖蛀牙王國》、《我是刷牙高手!》、《鱷魚怕怕牙醫怕怕》、《小熊包力刷牙記》等,這些繪本對孩子養成刷牙的好習慣,都有很大的幫助。

透過繪本,孩子能形象地了解到不刷牙的危害,就會主動對媽媽說:「媽媽,我的牙齒裡有小蟲子,快找牙膏先生和牙刷小姐幫忙吧!」

■ 家長以身作則,堅持每天早晚刷牙

讓孩子意識到刷牙就如同穿衣、吃飯一樣是每天必不可少的一件事,慢慢地,刷牙就會成為孩子日常生活中的一個習慣了。

孩子挑食,多半是父母的過?早改孩子早長高

孩子挑食就是專挑自己喜歡吃的幾種食物吃,而對不喜歡吃的東西碰也不碰。長期挑食不僅會引起孩子營養比例失調而造成消瘦、貧血、對疾病抵抗力低等症狀,而且還會嚴重影響

孩子的生長發育。

此外，挑食還容易使孩子形成任性、依賴、神經質等傾向，絕對不可輕視。據相關醫學數據報告，現在臨床疾病中有一半以上是由於不良飲食習慣——挑食引起的。

在現實生活中，孩子挑食的現象普遍存在，而且極難糾正，這已經成為一個讓所有父母頭痛的大難題。

3歲的盧克不喜歡吃青菜，但為了讓兒子得到均衡的營養，盧克爸爸特意煮了一大盤青菜，並下定決心非要讓盧克把那些菜葉子吃下去不可。

經過一個多小時的訓斥、威脅、哄騙和不厭其煩的勸說，盧克爸爸仍然沒能達到目的。眼淚汪汪的盧克緊閉雙唇，坐在飯桌邊，一小根青菜也沒有吃下去。

最後，靠著更嚴厲的威脅，盧克爸爸終於設法把一口菜葉塞進了孩子嘴裡。但是，盧克根本就不肯把它們嚥下去。直到臨睡時，媽媽除了把孩子放到床上，讓那些青菜仍留在他嘴裡之外別無選擇。

第二天早上，媽媽在盧克的床底下發現了一小團被吐掉的青菜。爸爸媽媽都很困惑，盧克怎麼會那麼倔強？

當然，並不是每一個小孩都像盧克這麼倔強。但的確有許多孩子都會在吃飯問題上和父母較量一番，這是他們很喜歡玩的一場遊戲。

Part 6 「贏得孩子合作」的話
——學會這些套路，原來高 EQ 這麼簡單

即使很小的孩子，也能很容易地緊閉自己的小嘴。你有什麼好辦法能夠強迫孩子吃他不想吃的東西嗎？只要和任何一位有經驗的父母聊一聊，他們都會告訴你這實在很難。經常聽到一些家長抱怨說：「我最煩惱的就是孩子的吃飯問題了，平時看著很可愛，一吃飯，什麼毛病都來了，青菜不吃，魚不吃，那個有怪味不吃，這個苦苦的不吃。好不容易吃了兩口，轉身就跑，還非得大人哄著、追著餵飯，一口飯能在嘴裡含五分鐘，吃不完的東西到處亂扔，身體又瘦又小，真讓人沒辦法。」

很多孩子都像盧克一樣，存在著挑食的壞習慣。年齡越小的孩子，越容易挑食。養成挑食習慣的孩子，他們的胃口都不會好。這是因為挑食抑制了消化液的分泌。

對於家長來說，當你辛辛苦苦地為孩子準備好了一桌豐盛的飯菜，而你的孩子卻皺著眉頭，這也不想吃，那也不感興趣，你肯定會感到很失望。而且，最讓你揪心的還是孩子的身體健康將大打折扣。因此，改正孩子挑食的壞習慣，是家長必須認真對待的問題。

孩子挑食的原因既有身體因素，如消化不良或食物過敏反應等，但更多的是環境和心理因素，比如：孩子受家長挑食習慣的影響厭煩某些食物，或家長強迫孩子吃某種食物而造成他的不愉快體驗才予以拒絕等等。

對於病理性的挑食，家長應當帶孩子去醫院檢查病因對症

下藥；而對於心理性的挑食，則需要家長以身作則，耐心引導，及早發現，及早糾正。為糾正孩子挑食的壞習慣，我們特為家長提供了以下方法：

■ 家長要管住自己的嘴

家長不要當著孩子的面說「我不愛吃這種菜」、「我一吃這種菜就肚子痛」之類的話，以免加深孩子對某種食物的厭惡感，誘引孩子挑食。因為成人的飲食觀念和習慣往往會影響孩子對食物的偏好。

■ 盡量使飯菜適合兒童口味

做菜時要注意烹調，盡量燒得得法，適合兒童口味。

■ 切忌順著孩子的性子來

千萬不可嬌慣孩子，不能一見孩子不吃某些菜就不再給他吃這種菜。

■ 要講究糾正孩子挑食的方法和時機

家長要積極啟發孩子對各種食物的興趣，千萬不要用強制的方法強迫孩子吃某種他不喜愛吃的食物。在改善孩子的挑食習慣時，家長要注意在孩子胃口好、食慾旺盛的情況下進行。

■ 少讓孩子吃零食

吃飯之前，家長要盡量少讓孩子吃零食，尤其是甜食及冷食。除此之外，家長還可適當增加孩子的活動量，促進其食慾。

Part 6　「贏得孩子合作」的話
——學會這些套路，原來高 EQ 這麼簡單

■ **家長要有改善孩子挑食的決心和耐心**

對因挑食影響健康且十分任性的孩子，家長既要有決心，又要有耐心。

孩子愛「順手牽羊」怎麼辦

皮特媽媽最近發現兒子回家後書包裡總是會多一些陌生的小東西：蜘蛛人玩偶、漫畫書、玩具水槍。很顯然這些東西不是他自己的。媽媽經過了解，知道皮特竟然染上了「順手牽羊」的壞毛病，媽媽不禁為此焦慮起來。

孩子在成長過程中，總會有這樣那樣的過失行為，這些過失行為往往帶有很大的盲目性、偶然性、試探性和好奇性。「順手牽羊」也是一種過失行為，但學齡前兒童的這一行為並不算是「偷」，因為他們還不具有「偷」的概念。

例如：有時孩子玩餓了，找不到東西吃，或者看見別的小朋友有「一種玩具」，自己沒有，就會拿抽屜的錢去買或乾脆直接拿走。家長應理智地去分析，找出其原因，不可粗暴地都把這種行為叫做「偷」，不要用成人的是非標準來衡量未成年人。

像皮特那樣，把別人的東西偷偷地拿回家，這種現象在 4～6 歲的孩子中並不少見，產生這種行為的常見原因有：

■ 「別人的東西不可以拿」的觀念還沒有形成

由於這個年齡層的孩子正處於自我中心時期，尚沒有「物權」的概念，還不能很好地把自己的東西和別人的東西加以區分。只要他喜歡的，他就認為可以拿回自己家，至於是否要徵得別人的同意，他還沒有這個概念，或者說這個概念的約束力還不夠強。

■ 家長過於遷就滿足孩子

如果家長對孩子的任何要求都過於遷就或立即滿足的話，孩子就會習慣於想要什麼，就能得到什麼。在他看來，他想得到的就是他的，拿別人的東西也就是自然的、不足為奇的了。

■ 孩子為了顯示自己強大

如果此時旁邊的其他孩子也欣賞他拿別人東西的行為，那麼，他就會錯認為自己拿別人的東西是一種「勇敢」的表現。

■ 孩子的合理要求沒有得到應有的滿足

由於孩子的合理要求沒有得到滿足，他們從家長那裡得不到自己想要的東西，但又羨慕別人的東西，於是他就會採取「拿」別人東西的辦法。

■ 父母不良行為的影響

當孩子看到父母從工廠或辦公室把東西拿回家時，他會以為拿別人的和公家的東西是正常的，於是他自己也會效仿父母

Part 6 「贏得孩子合作」的話
——學會這些套路，原來高 EQ 這麼簡單

去拿別人的東西。

如果碰到這種情況，家長該怎麼辦呢？

▌ 不聽之任之

即使在家長看來是不值錢的東西，也絕不能默然處之；也不能因為愛面子，怕孩子的舉動會引起別人的誤解，索性教給孩子如何隱瞞；更不能採取讚賞縱容的態度，使孩子心安理得甚至沾沾自喜。這樣都會助長孩子的占有欲，使孩子養成貪小便宜的壞習慣，將來就有可能發展到去偷竊。

▌ 不大發雷霆

在孩子的心目中，「自己」和「別人」的基本概念尚不十分清楚，只知道「我想要」，不知道拿別人的東西來滿足自己的欲望是不道德的、不應該的。此時，家長應該以溫和又嚴肅的態度引導孩子講出為什麼要拿別人的東西，然後耐心告訴孩子不能隨便拿別人東西的道理。家長可以和孩子討論：「如果你喜歡的玩具不見了，你會怎麼樣？會難過，是不是？」

家長要讓孩子意識到自己的行為給別人帶來了不便和煩惱，並要求孩子及時把東西送還人家。送還的時候家長最好能陪孩子一起去，在這個過程中又可以加深對孩子的教育，告訴孩子：「不管什麼時候，只要你拿了不屬於自己的東西，就必須把它送回去。」

如果家長剛發現孩子這種情況，就斥責他是「偷」別人的東西，甚至加以打罵，這只會損傷孩子的自尊心，往往使他連送還東西的勇氣都沒有了。因此，為了保護孩子的自尊心，家長在與孩子交談時，切不可使用「偷盜」等詞語，而要用「拿走」、「帶走」這樣的詞來代替。

■ 幫助孩子建立所有權觀念

家長要動動腦筋，儘早幫孩子建立起「所有權」的觀念，即讓孩子知道尊重別人的所有權。父母可以「以身作則」，在收好自己物品的同時，囑咐孩子及時歸置好自己的物品，並告訴孩子，「這是你的玩具」、「那是爸爸的書」……家裡每個人都有私人物品，這些東西，如果沒經過它的主人允許，是不能隨便動的。父母還可以向孩子借用玩具或紙筆，並告訴孩子要使用多長時間，徵得孩子的同意，方可把物品帶走，在歸還時要向孩子說「謝謝」。

此外，父母還可以在平常帶孩子逛街買東西時，讓孩子體會「不是自己用錢買的東西就不可以拿回家」。這樣，孩子慢慢地就了解了什麼是可以拿的，什麼是不可以拿的了。

Part 6　「贏得孩子合作」的話
　　　　——學會這些套路,原來高 EQ 這麼簡單

Part 7
高 EQ 父母的自我修練
—— 好好說話，是一個家庭最寶貴的家風

Part 7　高 EQ 父母的自我修練
　　　——好好說話，是一個家庭最寶貴的家風

性格不好，其實就是 EQ 不夠

為什麼我常常情緒失控，對孩子大吼大叫？

為什麼當主管質疑我的時候，我會跳起來，甚至覺得自己懷才不遇想要辭職？

為什麼我一開口朋友就「開躲」，不願意跟我說話的人越來越多？

……

這些全部關乎於 EQ。

在 IQ 過剩的 21 世紀，人與人之間的競爭實質上就是 EQ 的比拚：誰的 EQ 高，誰就更容易受到主管及客戶的青睞；誰的 EQ 高，誰就搶占更多的人脈資源與潛在機會。所以，對於我們每一個人來說，EQ 的高低通常就是人生成功與否的關鍵因素。

我們經常所說的 EQ 到底是什麼呢？EQ 是一個人自我情緒管理以及管理他人情緒的能力指數，主要是指人在情緒控制、情感表達、耐受挫折等方面的特質。從最簡單的層次上下定義，EQ 就是管理自我情緒、與他人相處的能力。

EQ 高低可以透過一系列的能力表現出來。「EQ 之父」丹尼爾・高曼和其他研究者認為，EQ 是由以下五大能力構成的：

第一，了解自我 —— 監視情緒時時刻刻的變化，能夠察覺

某種情緒的出現，觀察和審視自己的內心體驗；它是 EQ 的核心，只有認識自己，才能成為自己生活的主宰。

第二，管理自我 ── 調整控制自己的情緒，使之適時適度地表現出來，即能夠安撫自己，擺脫焦慮、憂鬱、悲傷等不良情緒，即使遇到大的挫折，也能迅速調整自己的狀態。

第三，激勵自我 ── 調動、指揮情緒的能力，即能夠勇敢面對困難，堅持信念，勇往直前，它能使人走出生命中的低潮，重新出發。

第四，辨識他人情緒 ── 富有同理心，能夠透過細微的社會訊號敏感地體會到他人的情緒與立場，察覺到他人的需求與欲望，這是與他人正常交往，實現順利溝通的基礎。

第五，處理人際關係 ── 調整控制自己與他人的情緒反應的技巧，是獲得成功與幸福的必要因素。

可見，EQ 高不是說只關注別人，或者只關注自己，而是關注「我們」。所以，在人際關係中，EQ 其實是一個合作的態度。

網路上有這樣一篇文章：

杉杉其實是個很可愛的女孩，可是就在她那看似可愛文靜的外表下，卻埋藏著她的臭脾氣壞情緒，稍有些不順意的事，她張口就來，把一個人說得一無是處，臉色蒼白。而杉杉的男友阿森呢，又是個比較固執理性的工科男。

當一個脾氣大又彆扭的女孩遇上了一個固執且理性的男友

Part 7　高 EQ 父母的自我修練
　　——好好說話，是一個家庭最寶貴的家風

時，這摩擦出來的氣煙火花肯定是不小的，要麼彼此足夠體諒著，要麼彼此相互瞥扭著。

有一次，兩人因為一點小事鬧起了矛盾，在大馬路上就吵得不可開交，指手畫腳、吐沫橫飛著。看阿森遲遲沒有跟自己低頭認錯，杉杉直接就脫口而出：「那行啊，我今天總算是看清你了，你什麼都不用說了，分手吧！」

阿森聽到杉杉這話，本來就覺得在無理取鬧的人是她，又一直不聽自己講了什麼，只要自己低頭跟她認錯才肯罷休，自己也算忍了她不少了，結果她還振振有詞的樣子簡直就讓阿森受不了：「好啊，分就分，妳別後悔就行，有什麼大不了的啊……」

說罷兩人就轉身而去，背道而馳，漸行漸遠。

這一次衝動且充滿情緒化的爭吵，最後還是為他們的感情畫上了句號。

其實，在大多數人看來，杉杉和阿森因為芝麻綠豆般的小事爭吵不休而分手，兩人在這件事的處理上都存在著問題。在情緒管理方面，他們做不到自我調整，因為一點小事就吵得不可開交；在情感表達方面，又做不到對自己的話負責，「分手」兩個字脫口就出。所以，兩個人分開不過是早晚的事。

有句話說得對，「人不是靠心情活著，而是靠心態活著」，所以，我們要學會控制好自己的情緒，與自己的情緒友好相處。

當有情緒時，我們首先要學著接受這個有情緒的自己，允許自己難過、傷心或者憤怒等。然後，我們可以選擇在自己房間安靜地待會，好好回想最近有關的事情，找到令自己難過、傷心或憤怒的根源。最後，給自己心理暗示，「我接納你，無條件地接受這樣的有著壞情緒的自己」，使心情慢慢趨於平靜。

冷靜下來之後，我們再分析這些導致自己此刻情緒不好的事情背後心理層面的原因，找出自己性格上或心理上潛藏著的、你平時未注意到的性格上的弱點，看清楚自己內在到底發生了什麼事情，這是令自己幸福快樂的關鍵，也是自由解脫的唯一路徑。

華語世界首席身心靈暢銷書作家張德芬老師曾說過，「覺察和自省是一切成長的開始，謙卑和感恩是解決一切問題的萬靈丹。」並舉例如下：

有一次我和一個閨蜜有了爭執，在過程中，我一反常態地沒有生氣、反唇相譏，反而是耐著性子聽她罵我，跟她道歉，因為她在那個當下脾氣上來了，無法說理。然而心高氣傲的我，平常是不會接受別人這種無理謾罵的行為的。我當時允許自己的小我被縮減，看著自己胸腔內翻騰的各種情緒，但不發作。很奇怪，事情過後，我發現，另外一個困擾我多時的感受（與她毫不相關的）居然也就放下了。

張德芬老師突然頓悟：「當你接受小我受打擊，不去壯大

Part 7　高 EQ 父母的自我修練
　　——好好說話，是一個家庭最寶貴的家風

它，允許它被縮減的時候，你的整體生命的品質都會提高，困難也容易解決。」為什麼呢？「因為所有生命的困境，幾乎都和小我求生存、要面子、求存在感有關。如果在一件事情或是一個層面上，你允許小我被打擊、縮減，那麼其他層面的問題你不需要去做什麼，就會出現改變。」

我越來越深刻地感受到情緒的力量，甚至覺得「認識自己的情緒、管理自己的情緒、體察他人的情緒」似乎就是整個人際關係的軸心。情緒處理得好，可以將阻力化為助力，令工作或事情變得得心應手；情緒若處理得不好，便容易產生一些非理性的言行舉止，誤事受挫，甚至違法亂紀。很多時候，與人相處就是和自己的情緒相處。

認識自我情緒的四種方法

如果你想利用你的情緒力量，就必須先了解它，這是一個非常重要的原則。須知，你的情緒不是孤立的，也不是無法把握的，你的思想能直接影響你的情緒。

EQ 首先表現為對自己情緒的辨識和評價，也就是能及時地辨識自己的情緒，知道其產生的原因。誰了解自己的情緒，誰就能充分、合理地利用、操控、駕馭它；誰要是不了解自己的情緒，就只能無助地聽任它的擺布，成為它的奴隸。

認識自我情緒的四種方法

一般來說，高EQ者是透過以下四種方法來認識自我情緒的：

■ 情緒記錄法

做一個自我情緒的有心人，有意識地連續記下自己最近一段時間（比如：兩到三天或一個星期）的情緒變化過程。情緒記錄表的具體記錄項目可以為：情緒類型、時間、地點、環境、人物、過程、原因、影響等。

■ 他人評價法

透過與你的家人、上司、下屬、朋友等交流溝通，用他人的眼光來認識自己的情緒狀況。

了解那些經常與你接觸的人對你的評價，是了解自己的情緒的重要途徑。因為他人評價比自己的主觀認識具有更大的客觀性。如果自我評價與周圍人的評價相差不大，說明你的自我認知能力較好；反之，則代表你在自我認知上有偏差，需要調整。

然而，對待別人的評價要有認知上的完整性，不可只以自己的心理需求注意某一方面的評價。應全面聽取，綜合分析，恰如其分地對自己做出評價和調節。大多數人透過別人的看法來觀察自己，為獲得別人的良好評價而苦心迎合。但是，把自己的自我認知完全建立在別人的評價上，就會面臨嚴重束縛自己的危險。

Part 7　高 EQ 父母的自我修練
　　——好好說話,是一個家庭最寶貴的家風

■ 情緒自省法

人生的棋局該由自己來擺,不要從別人身上找尋自己,應該經常自省並塑造自我。

成功和挫折最能考驗個人的修養性情,因此,我們可以透過自己成功或失敗時的經驗教訓,來發現自己的情緒特點,在自我反省中重新認識自我,掌握自己的情緒走向。

■ 情緒測試法

藉助權威的情緒測試軟體,或諮詢專業人士,獲取有關自我情緒認知與管理的方法和建議。

了解自己情緒的人,大多善於將自己的情緒調節到一個最佳狀態,順應他人的情緒基調,輕而易舉地將他人的情緒納入自己的主航道。這一本領能讓他們在交往和溝通中一帆風順。

強而有力的領袖人物、富於感染力的藝術家都能敏銳地認識和監控自己的情緒表達,不斷調整自己的社會表演。他們像高明的演員,善於調動成千上萬的人與自己同痴同醉。

當你開始觀察和注意自己內心的情緒體驗時,一個有積極作用的改變正悄然發生,那就是 EQ 的作用!

高 EQ 者往往能有效地察覺自己的情緒狀態,理解情緒所傳達的意義,找出它產生的原因,並對自我情緒做出必要的恰當的調節,始終保持良好的情緒狀態。低 EQ 者則因不能及時地認

識到自我情緒產生的原因，而無法有效地進行控制和調節，致使消極情緒影響心境，久久不退。

在生活中，有些人樂觀向上，有些人卻悲觀絕望，究其原因，就是他們觀察和處理自己情緒的方式不同。

心理學家邁耶將人的情緒管理方式分成三種類型：

▪ 自我覺知型

一旦情緒出現，自己便能覺察。這種人情緒複雜豐富，心理健康，人生觀積極向上；情緒低落時絕不輾轉反側，纏綿其中。自我覺知型的人能有效地管理自己的情緒。

▪ 難以自拔型

這種人一旦捲入情緒的低潮中便無力自拔，聽憑情緒的主宰。他們情緒多變，反覆無常，而又不自知，常常處於情緒失控狀態，精神極易崩潰。

▪ 逆來順受型

這種人很了解自己的感受，接受並認可自己的情緒，並不打算去改變。這類人又被稱為認可型。認可型又分為兩種：樂天知命型——整天開開心心，自然不願也沒必要去改變；悲觀絕望型——雖然明白自己處於不良情緒狀態，但採取不抵抗主義，憂鬱症患者就屬於這種類型，他們在自己的絕望痛苦中束手待斃。

Part 7　高 EQ 父母的自我修練
　　——好好說話,是一個家庭最寶貴的家風

　　高 EQ 者是自我覺知型的人,他們了解自己的情緒,能對自己的情緒狀態進行認知、體察和監控。他們具備自我意識,注意力不會因外界或自身情緒的干擾而迷失,具有在情緒紛擾中保持中立自省的能力。

七種方式,讓你不到五分鐘擁有好心情

　　看到 1 美元上的華盛頓肖像,看到他白色鬈髮映襯下的那平靜、自信、顯示著自控能力的面龐,你大概難以相信他年輕時曾有一頭紅髮,脾氣火爆吧?要是他沒有學會靠自制力改變自己的壞習慣,恐怕無法成為叱吒風雲的領袖,也就不會成為美國第一任總統。

　　對於自己的負面情緒,你不應再聽之任之。要知道,只有積極主動地控制情緒,才能創造好心情,才能塑造好形象,讓別人喜歡你,願意與你合作。

　　如果你正在尋找趕走壞心情的方法,以下提供七種方法,讓你不到五分鐘擁有好心情:

主動迴避法

　　如果你與愛人剛剛發生了激烈的爭吵,最好先暫時迴避,這樣就可以做到眼不見心不煩,怒氣自消。

主動釋放法

把心中的不平和憤怒向你認為適合的人和盤托出。平時與人相處不可能不產生意見、隔閡，經常交換意見，把話說清楚，也是平息怒氣和增強團結的方法。

轉移目標法

如果你在生氣時始終想著讓你生氣的事情，那麼最後的結果只會是越想越生氣。相反，如果你能有意識地透過其他途徑或者方式來轉移自己的注意力，例如聽音樂、逗孩子玩等，積極地接受另一種刺激，就可以轉移大腦興奮點，使憤怒情緒在不知不覺中消失。

意識控制法

千萬別被憤怒牽著走，給自己冷靜的時間。比如：發怒時從 1 數到 10，先讓自己平靜下來，或者心中反覆默念「別生氣」、「不該發火」等，常會收到一定的效果。從本質上說，該方法是用自己的道德修養、知識水準使憤怒情緒難以產生或降低強度。

如果是比較大的負面情緒，那就換個環境，脫離讓你生氣的人和事，比如出門散個步，逛個街，離開現場你會平靜得快一點。

Part 7　高 EQ 父母的自我修練
　　——好好說話,是一個家庭最寶貴的家風

▪ 積極溝通法

不生氣時,試著去和經常讓你生氣的人談談,聽聽彼此最容易發怒的事,想一個溝通感情的方式,不要生氣。也可約定寫張紙條,或進行一次緩和情緒的散步,這樣你們便不必繼續用毫無意義的怒氣來彼此虐待。

▪ 自我解脫法

應該經常提醒自己,任何自己認可的事,均可能遭到半數人的不贊同。有了這個心理準備,你就不會選擇生氣。

▪ 強迫記錄法

寫一份「動怒日記」,記下自己動怒的時間、地點、對象、原因,強制自己誠實地記錄所有動怒行為。你很快就會發現,光是記錄這些麻煩事就可迫使自己少生氣了。

EQ 高的人,都這樣消化憤怒

一個人必須學會自我控制,高 EQ 的重要象徵是:學會制怒,不輕易受到傷害。

人在憤怒時千萬要注意兩點:第一,不可惡語傷人,這不同於一般的發牢騷,可能給別人造成深刻的傷害;第二,不可因憤怒而輕洩他人的隱私,這會使你不再被他人信任。總之,

無論怎樣憤怒，千萬不能做出無可挽回的事來。人在受傷害後最好的制怒之術是克制忍耐，等待時機。

有一個小男孩常常無緣無故地發脾氣。一天，他父親給了他一大包釘子，讓他每發一次脾氣都用鐵錘在後院的柵欄上釘一顆釘子。

第一天，小男孩共在柵欄上釘了三十七顆釘子。

過了幾個星期，小男孩漸漸學會了控制自己的情緒，每天在柵欄上釘釘子的數目逐漸減少。他發現控制自己的壞脾氣比往柵欄上釘釘子要容易得多……最後，小男孩變得不愛發脾氣了。

他把自己的轉變告訴了父親。父親又建議說：「從今天起，如果你一天沒發脾氣，就從柵欄上面拔一顆釘子下來。」小男孩照著父親的要求做了。終於，柵欄上面的釘子全拔完了。

父親拉著他的手來到柵欄邊，對他說：「兒子，你做得很好。但是，那些釘子在柵欄上留下那麼多小孔，柵欄再也不是原來的樣子了。當你向別人發過脾氣之後，你的言語就像這些釘子一樣，會在人們的心靈中留下疤痕。無論你說多少次對不起，那些傷口都會永遠存在。」

因為自己發脾氣而對他人造成的傷害，往往怎樣彌補也無濟於事。所以，我們寧可事前小心，而不要事後悔恨。在生氣的時候，記得留下退一步的餘地，以免無法挽回。

Part 7　高 EQ 父母的自我修練
——好好說話，是一個家庭最寶貴的家風

在現實生活中，有人只顧一時的口舌之快，有意無意地對他人造成了傷害，殊不知這些傷害就像釘孔一樣，也許永遠都無法彌補。

憤怒是情緒中可怕的暴君。憤怒行為會傷害他人，也會傷害自己。培根說：「憤怒就像地雷，碰到任何東西都一同毀滅。」如果你不注意培養交往中必需的 EQ，培養自己忍耐、心平氣和的性情，一碰到「導火線」就暴跳如雷，情緒失控，再好的人緣，也會因此全部被「炸」掉。

心理學家認為，生氣是一種不良情緒，是消極的心境，它會使人悶悶不樂、低沉陰鬱，進而阻礙情感交流，導致內疚與沮喪。相關醫學數據認為，憤怒會導致高血壓、胃潰瘍、失眠等。據統計，情緒低落、容易生氣的人，患癌症和神經衰弱的可能性要比正常人大。憤怒是一種人體中的心理病毒，會使人重病纏身，一蹶不振。可見，憤怒對人的身心有百害而無一利。

怒氣似乎是一種能量，如果不加控制，它會氾濫成災；如果稍加控制，它的破壞性就會大減；如果合理控制，甚至可能對自己有所幫助。

疏導而不是壓抑

在交通擁擠的十字路口，整個路面成了車的海洋，鳴笛聲充斥於耳。

偶爾有一時氣憤難平的司機不顧安全往前擠,不僅會造成人為災難,而且會使整個交通處於癱瘓混亂狀態。如果沒有交警的管理疏導,不知道會堵塞到什麼時候,造成怎樣的後果。假如一個人的情緒失控,不加以疏導的話,會發生什麼情況呢?

研究顯示,失去控制、大發雷霆的人通常都經歷了情緒累積的過程。每一次拒絕、侮辱或無禮的舉止,都會給人遺留下激發憤怒的「殘留物」。這些殘留物不斷地積澱,急躁心理會不斷增強,直到失去「最後一根稻草」,個人對情緒的控制完全喪失。所以制怒的最好方法不是壓抑自己的怒氣,而是進行恰當的疏導。

傑拉德完全被激怒了,他一把抓起電話機,把它狠狠地丟出了辦公室。他的業務團隊被他的狂怒嚇壞了。

傑拉德之所以會大動肝火,是因為他剛剛經歷了一項改善團隊管理的活動。在這個活動中,他們的工作任務沒有完成,這使得傑拉德的情緒非常壞。不幸的是,他又碰到其他掃興的壞事情,於是,累積起來的情緒就爆發出來了。

在一位顧問的指導幫助下,傑拉德認識到,從總公司參加會議回來後,他就一直處於很壞的情緒狀態中。如果他能花幾分鐘時間放鬆一下,就根本不可能發火。

有了這個教訓以後,他再遇到不順心的事情,或者面對壓

Part 7　高 EQ 父母的自我修練
　　——好好說話，是一個家庭最寶貴的家風

力時，總會用十分鐘的時間到附近的公園走一走，使自己平靜下來。在參加會議時，如果他感覺到憤怒開始困擾自己，就立刻開始做深呼吸，或者透過把手壓在臀部下面等方式來控制自己。

這些放鬆行為，最起碼能夠阻止他提出最衝動的反對意見，阻止他採取過激行為，比如奪門而出。在完全接受了控制自我情緒的觀點以後，他逐漸掌握了控制和調整自己的情緒和行為的技巧。

那麼，一個已經被惹怒的人怎樣制怒呢？

第一步：回憶自己過往的行為，看看發怒是否合理

老闆對下屬發火，原因是下屬工作失誤；這位下屬不敢對老闆生氣，回來對妻子亂發脾氣；妻子沒法，只好對兒子發脾氣；兒子對貓發脾氣。這一連串的發怒行為中，只有老闆對下屬發脾氣是有些緣由的，其他則都是無中生有。

所以，在發怒之前，你最好分析一下，發怒的對象和理由是否合適，方法是否適當，這樣發怒的次數就會減少 90%。

第二步：看輕外因的傷害性

生活中我們可以觀察到，易上火的人對雞毛蒜皮的小事都很在意。別人不經意的一句話，他會耿耿於懷。過後，他又會把事情往壞處想，結果，越想越氣，終至怒氣沖天。脾氣不好的人喜歡自尋煩惱，沒事找事。

制怒的技巧是，當怒火中燒時，立即放鬆自己，命令自己把激怒自己的情境「看淡看輕」，避免正面衝突。當怒氣稍減時，對激怒自己的情境進行客觀評價，看看自己到底有沒有責任，惱怒有沒有必要。

■ **第三步：巧妙地發洩自己的憤怒，而不傷害別人**

如果你生氣了，出去散散步或做一次劇烈運動，或者看一場電影娛樂一下，怒氣就會消減不少。

如果某人脾氣暴躁、經常發火，僅讓他自己改正往往並不能持久，那麼就必須找一個監督者。一旦他露出發怒的跡象，監督者應立即以各種方式加以暗示、阻止。監督者可以由自己最親近的人來充當。這種方法對下決心制怒但又不能自制的人來說尤為適合。

忍耐一下，怒氣會自然消退

很多時候怒氣會自然消退，稍稍耐心等待一下，事情就會悄悄過去。常言道：「忍一時，風平浪靜；退一步，海闊天空。」忍耐一下，怒氣會自然消退。關於這一點，林肯深有體會，並總結出一種巧妙的方法。

一天，陸軍部長斯坦頓來到林肯那裡，很生氣地說一位少將用侮辱性的話指責了他。林肯建議他寫一封內容尖刻的信回

Part 7　高 EQ 父母的自我修練
──好好說話，是一個家庭最寶貴的家風

敬那傢伙。

「可以狠狠罵他一頓。」林肯說。

斯坦頓立刻寫了一封措辭激烈的信。林肯看後說：「斯坦頓，真是太好了，要的就是這個！」

但是當斯坦頓把信疊好裝進信封裡時，林肯卻叫住他，問道：「你要幹什麼？」

「寄出去啊！」斯坦頓說。

「不要胡鬧，」林肯說，「這封信不能發，快把它扔到爐子裡去。凡是生氣時寫的信，我都是這麼處理的。這封信寫得好，寫的時候你已經解氣了 ── 現在感覺好多了吧？那麼就請你把它燒掉，再寫第二封信吧！」

能認知自己心緒不佳的人多半有意擺脫衝動，但不一定會克制衝動。譬如說，和別人發生了衝突，你心裡十分惱火。你克制住了自己想揍他的衝動，卻不能澆熄心中的怒火。

如果你清楚地知道「我現在的感受是憤怒」，便可以選擇發洩，也可以決定退一步。後者是明智的選擇。

如果你與別人發生爭執，請數十下再開口，盡量轉移注意力或者做幾次深呼吸。諒解的心是最佳的「滅火劑」，請學會寬容和諒解吧！

語言是帶情緒的，如何表達很重要

　　如果妳看到丈夫回家時滿懷熱情，在這種情緒的感染下，妳一定也會感到高興和激動，因為妳有這種正當的需求。如果這種需求沒有得到滿足，妳就會覺得鬱鬱寡歡和失落。其實，丈夫的想法和妳一樣，當他下班回家時，如果妳送上一個熱烈的擁抱或親吻，他就會感到幸福和滿足；如果迎接他的總是一些惹人心煩的瑣事，比如孩子又闖禍了，馬桶又塞住了，垃圾桶裡滿滿的垃圾又該清理了等等，雙方就很容易發生衝突和爭吵。

　　也許妳會覺得自己每天都過著緊張忙碌的日子，壓力很大，需要有人替妳分擔重擔和憂愁，需要有個肩膀可以依靠，但是丈夫卻對妳置之不理，甚至還不耐煩地嘟嘟囔囔，這時妳就會非常傷心和失望。其實，丈夫和妳一樣，也渴求得到關愛，也有很多需求沒有得到滿足。所以，正確處理事情的關鍵就在於雙方的相互理解。

　　惹人心煩，破壞人情緒的事可以等合適的時機再說，不要一見到丈夫的面就大倒滿肚子的苦水和委屈。不管妳是否習慣，都不妨試著用熱情去迎接丈夫，這對你們關係的改善是大有好處的。也許妳會認為自己的丈夫應該比其他男人更理解妳，更願意聽妳說話，更頻繁地誇獎妳，但實際上，世上大多數丈夫卻

Part 7　高 EQ 父母的自我修練
　　——好好說話，是一個家庭最寶貴的家風

　　並非如此。對於妳所嫁的那個男人來說，妳可能會發現，真實的他比妳想像中的他要差得多。同樣，他可能對妳也會有類似的想法，當他拿著報紙坐在電視機前時，心裡也許在想：「結婚前我的日子沒有這些不平靜和不安寧，踏進門也從來沒有這麼多壞消息和牢騷惹我心煩，為什麼我要為了婚姻而拋棄自由？」

　　婚姻中出現的這些情況，很難說誰對誰錯，它不過是婚姻衝突的一種表面現象。因為雙方都只想索取，不想奉獻，所以才會造成這種局面。要避免這種情況的發生，必須有更成熟、更懂得夫妻相處之道的一方出面來打破僵局。如果妳想成為這樣的人，那就為此而努力吧，從此開始給予丈夫更多的柔情和讚賞，但不要期望不久丈夫就會懂得給妳回應。也許丈夫會奇怪妳的突然變化：「她到底想幹什麼？」如果妳希望自己的婚姻變得美滿幸福，就應該心甘情願地努力一年甚至五年的時間，用溫柔體貼讓他最終屈服。

　　要知道，靠責備或攻擊並不能改變丈夫。那種「必須服從我的命令」的唯我獨尊的態度只會招致丈夫的不滿和敵對情緒，不僅丈夫會做出反擊，其他任何人，包括孩子也會採取同樣的辦法。要知道，愛可以產生愛，恨卻只會招來更大的仇恨。

　　沒錯，妳的確擁有表達自己情感的權利，但怎樣表達是非常重要的。因為語言是帶情緒的。看看下面兩種不同的態度，考慮並比較一下它們所產生的不同效果吧！

一種是:「我已經受夠了!你總是想不起我們的結婚紀念日,也懶得和我多說一句話,還不知道操心孩子的事,你也很久沒有陪我出去吃飯了。」

另一種是:

「親愛的,最近我遇到了點麻煩,或許你能幫助我。這段時間我心裡一直不太舒服,情緒也不太好,本來我想去檢查一下身體,不過我覺得可能是其他原因造成的。有時候,你的心情看起來也不太好。也許是孩子們太頑皮了,所以我常常感到心煩意亂。

我知道你的工作很辛苦,可是我還總提一些無理的要求,好像對什麼都不滿意。也許你會覺得我不再愛你了,其實我仍然和從前一樣愛你。你知道嗎?現在我覺得自己對你好像不像結婚前那麼好了,因為我變得愛嘮叨。假如我變得十分嘮叨了,惹得你心情不佳時,我希望你能提醒我改掉這個毛病⋯⋯

噢,親愛的,如果我們重新來過,會出現什麼結果呢?我會努力變得更溫柔,努力擺脫那些不滿情緒。當然,我沒有權利要求你,也無意要你改變。如果我們找個時間把孩子託付給別人暫為照管,我們一起出去散散心,或者先去野餐,然後再隨便逛逛,那該多麼美妙啊!有時候,我們也應該留點時間給自己,你覺得呢?」

很明顯,第一種表達方式很有可能會讓夫妻雙方為此大吵一

架,而對於第二種方式,任誰都能聽出妻子話語中的委屈之意,並且會心甘情願地滿足她的要求。這就是溫柔女人的迷人之處。

當然,只有當妳真正想跟丈夫表達愛意並放棄責備或攻擊時,才可以採用這種溫柔的方式,但切記不能將它作為一種達到自己目的的手段。如果妳改掉命令、強迫、委曲求全的毛病,真實地展現出妳對丈夫的愛和耐心,那麼一定會得到回報的。

道歉了對方還生氣?教你道歉的正確「姿態」

美國著名心理學家、享譽全球的婚戀輔導專家蓋瑞‧巧門博士曾說過:「在你的生命中最重要的關係裡,有一種東西是你必須付出的,而且需要勇氣和真誠才能實現,它就是道歉。」

大家或多或少都會因為做錯事得罪別人,甚至深深傷害了最親近的人,但可能你會發現當自己道歉了之後對方反而更生氣了,這是為什麼呢?蓋瑞‧巧門博士在其著作中明確指出:真誠的道歉不能找藉口,在道歉之後馬上又來個「但是⋯⋯」,而應該另找時機進行溝通。

羅德尼和第二任妻子結婚已經三年了,他說:「我知道什麼時候妻子的道歉是真誠的。她會說『對不起,我知道朝你大吼大叫傷害了你』,而且接下來不會指責是我先惹她生氣的。我前妻

道歉了對方還生氣？教你道歉的正確「姿態」

卻總是把所有的事情都怪在我頭上，說完『對不起』之後總要加上『要不是你先惹我，我怎麼會生氣』之類的話。」

當關係因傷害和憤怒而破裂時，道歉是必不可少的。但道歉切忌畫蛇添足。要道歉就專門道歉，只需坦白承認你傷害了他人或者沒能達到他人的期望就可以了。如果道歉之後又為冒犯行為找藉口，那麼原先的道歉可能就被一筆勾銷了，不管你是有意還是無意的。

一旦我們在口頭上把責任推卸給對方，道歉就變成了攻擊，而攻擊永遠不會帶來寬恕與和解。

愛麗絲和瑪麗是親姐妹，她們之間常常鬧矛盾。兩個人都想處理好關係，但是都不知道怎麼辦才好。

巧門博士問瑪麗：「愛麗絲發完脾氣後會道歉嗎？」

瑪麗點頭說：「會，她每次都會道歉，但最後總會加上一句『我只是希望妳不要再貶低我，我知道我沒妳有學問，但是妳也不能因此就不把我當回事』。您說這算什麼道歉啊？她反倒把所有責任都推到我身上了。」

「我覺得她的自尊心一定掙扎得很厲害。但無論如何，她的道歉更像是對我的攻擊。」瑪麗補充道。

愛情、親情不是「都怪你」，而是「對不起」；不是「你怎麼能」，而是「我理解」。美滿幸福的家庭生活需要彼此的體諒與支持。

223

Part 7　高 EQ 父母的自我修練
　　——好好說話，是一個家庭最寶貴的家風

　　我們因為這些失敗的道歉吃盡了苦頭，因為它們只會將事態變得更複雜，所以，學習正確的道歉「姿態」很重要！那麼，如何做才是道歉的正確打開方式呢？

■ 了解自己錯在哪裡

　　認錯之前一定要知道自己錯在哪裡了，這是成功道歉最基本也是最核心的要素。說清楚行為錯在哪裡，承認行為所帶來的壞影響，作有針對性的道歉，效果會比較好。

■ 態度誠懇，具備自責成分

　　這樣的道歉才會顯得真誠。如果是使用文字道歉，需注意，不要使用過多情緒性的字眼，清楚地只表達要點的道歉才會容易讓人原諒。如果你的道歉對象是自己的女朋友或者心儀的人，適度地誇大自己的過錯，道歉效果會更佳。

■ 勇於承擔責任

　　拒絕「假道歉」！有效的道歉不是虛情假意地去騙取對方的寬恕，而是要坦承錯誤，勇於承擔相應的責任。

■ 用其他方式來表達歉意

　　一束花、一個小禮物或者用一些承諾或獎賞來進行補償，會讓道歉效果更佳。

■ 道歉也有最佳時機

　　「道歉心理學」方面的研究專家認為，最佳的道歉時機是意

識到失誤後的四十八小時內，錯過後，最好不要「舊事重提」。

■ 知錯要改，並且會改

知錯要改，真正會改才是最重要的。如果只是口頭說說而不去實際改正，後果你懂的。

總之，不以拙劣的方式跟人道歉，是一個人最基本的修養；而學會正確地道歉，是提高 EQ 的第一步。

吵架可以，但千萬別說這十句話

有人說，夫妻就像兩塊都有稜角的石頭，放到一個罐子裡，怎能不發生摩擦呢？夫妻和諧需要有個磨合過程，婚後難免會因家務瑣碎發生矛盾，吵架便是宣洩情緒的重要方式，感情再好的夫妻也會吵架。但我們要永遠記得，吵架並不是為了傷害對方。因為有愛，我們走到一起，只有好好說話，才能相扶到老。

一輩子沒吵過架的夫妻寥寥無幾。可以說，在某種程度上，吵架是夫妻生活的常態，不少人就是在吵吵鬧鬧中過了一輩子。夫妻吵架，許多人在氣頭上都說過過頭話，這些話可能不真心，只為逞口舌之快。但確實有些語句，是夫妻吵架時不能輕易出口的，否則便會使婚姻陷入危機，與幸福相背而行。

Part 7　高 EQ 父母的自我修練
──好好說話，是一個家庭最寶貴的家風

夫妻吵架時，女人最忌諱說的話

一、吵架再激烈，妳再憤怒，也要忍住讓對方崩潰的那句話

夫妻吵架的時候口不擇言是很正常的，可是每每吵架就口不擇言地揭對方的傷疤，將對方的情緒逼到崩潰的邊緣，這是不是也太狠了點？一吵架就來這套，正常人誰能受得了？況且越是熟悉的人，越是知道對方的死穴，所以說出來的氣話不僅具有破壞性，還具有毀滅性。不要仗著妳熟悉對方，就肆無忌憚地刺激他、傷害他。

比如：見過一對年輕夫妻在大街上吵架，男的反駁了幾句，女的氣急敗壞：「你還有臉回嘴，不是上次你出軌被逮之後那副死乞白賴求我原諒的可憐樣了⋯⋯」女的還在嚷嚷，男的已經憤然離開了。每個人都不喜歡別人觸及自己的憾事、缺點或者使自己難堪的事，這是人之常情。這個傷疤揭得太俐落了，真不知道這兩人以後還能不能相安無事地過下去。

「你真沒用」、「你真窩囊」、「你就這點出息」、「你還是不是男人」、「你在家不行，在外頭也不行，你到底能做什麼啊」⋯⋯坦白講，女人在吵架時常說的這幾句話真的太傷自尊了，超級傷人。一旦說出類似的話，就是對男人的粉碎性打擊。女人，既然愛他，那就保護他的自尊吧。

二、不要說「你看看人家的老公」

有一句話說:「孩子都是自己的好,老公都是別人的好。」大多數女人可能多少都會有這樣的心情,尤其是在兩人吵架的過程中,「你看誰誰的老公又升遷了,年薪百萬」、「你看誰誰的老公多帥,長相甩你好幾條街」、「你看誰誰的老公送給她一個 15 萬塊錢的包包」、「你看看誰誰的老公多體貼,每次聚會結束不管幾點都來接,等多久都不抱怨」……女人隨口而出的這類話會讓男人又生氣又憋屈。

「既然如此,妳幹嘛不去找他?」同樣在氣頭上的男人也會情緒激動,話趕話地這麼反駁。「我都壓制了一百次拿妳跟別的女人比的念頭,妳卻要拿我跟別的男人比。」很明顯,男人很討厭自己老婆拿他跟別的男人比較。

三、不要用責備的口吻否定對方

責備另一半的行為不當時,妳往往會指出自己認為的做這件事的正確方法。可能妳的方法確實更好,但事實上大多數時候只是因為這種方法更符合妳的主觀偏好而已。所以,千萬不要用責備的口氣否定對方的努力,而應表示對方做得很好,妳很感謝。

比如:當丈夫花了一上午時間最終還是沒有修好下水管道,而且弄得滿屋子臭味時,妳最好不要說「白費了一上午工夫也沒修好,還不如找人來修」這樣的話,而應該以委婉的口氣表達自

Part 7　高 EQ 父母的自我修練
　　——好好說話，是一個家庭最寶貴的家風

己的意見：「這個修起來確實很費力，你也累了，先吃飯吧。不行的話下午找人來修就是了。」

　　記住，千萬不要吝嗇對另一半的感謝和肯定之詞，這會令對方樂於繼續堅持下去。幸福的夫妻往往建立在彼此欣賞的基礎上，學會讚美，哪怕是日常生活中最細枝末節的舉手之勞，也不要忘記真誠地說聲「謝謝」。

四、不要說「早聽我的不就好了」

　　馬後砲最討人厭了。「早聽我的不就好了」、「我當初告訴過你吧，你偏不聽」、「為什麼你總是不聽我說」……類似這樣滿是責備的話，不僅無助於問題的解決，而且還會嚴重影響雙方的感情。

　　美國西雅圖華盛頓大學社會學教授佩伯・施沃茲曾指出，如果妻子使用「總是」或者「從不」這樣的字眼，丈夫此刻就不可能和妳進行正常的交談了。妳的這種全盤肯定或否定的說法，把問題的責任全部推到他的身上，而讓自己脫離了所有關係。

　　有些錯誤已經犯下了，當事人也知道自己錯了，再去責怪他有什麼用呢？

　　作為妻子，在表述自己的觀點時要冷靜。史丹佛大學心理學教授赫沃德・瑪克曼博士認為，通常妻子對丈夫最大的抱怨是，對方完全不和自己溝通；而丈夫們最一致的看法卻是，說

得太多會引起爭執。因此，他建議，如果妳想妳的丈夫不僅聽妳說，而且更深入地和妳交流，就要始終做到心平氣和。

五、不要翻舊帳，要朝著未來的問題來商量

兩口子一吵架，妻子就開始翻舊帳，什麼陳芝麻爛穀子的事情都要再翻出來掰扯掰扯。「你每次都這樣⋯⋯」、「你上次也是⋯⋯」、「你沒有一次記住我的話⋯⋯」、「我說過多少次了⋯⋯」結果，雙方很難就事論事。妻子總是要追溯到很久以前，而且會自動遮罩對方做得好的地方，只記得不好的地方。哪怕好幾年當中丈夫只做錯了兩次，在生氣的妻子嘴裡也是「每次」⋯⋯這讓他們覺得特別委屈。

其實，在爭吵過程中一直挖過去的舊帳來算，只不過是在激起雙方的情緒而已，對於事情的解決一點幫助都沒有。如果丈夫識時務，賠個笑臉，可能就煙消雲散；但如果丈夫不示弱，你翻我舊帳，我翻你舊帳，互相翻得越來越甚，夫妻感情自然會受到很大傷害。

因此，在所謂舊帳問題上，無論男女都要秉承不主動提出舊帳，但當問題暴露了，也不要藏著掖著，使矛盾激化，一定要主動溝通。你可以說：「之後如果遇到類似今天的問題，我們要怎麼辦？」然後說出你的處理辦法，再聽聽對方的處理辦法。這樣能幫助你們把爭論的重心從情緒的發洩轉移到問題的解決上。

Part 7　高 EQ 父母的自我修練
　　——好好說話，是一個家庭最寶貴的家風

　　如果夫妻在吵架的時候，能夠學會不翻舊帳，夫妻的關係就會簡單很多，就事論事，只講當前這件事情。如果你把十幾二十幾年前的事情翻出來吵，就永遠會有吵不完的架。老是念念不忘舊事，怎能無所顧忌地奔向幸福？一天放不下，一天就沒有辦法開心地生活，所以，該忘記的還是忘了吧！可以說，不翻舊帳也是在釋放自己。

六、不要隨便拿「離婚」來恐嚇對方

　　「我當初真是瞎了眼才嫁給你，我要跟你離婚！」「既然這樣，那就分手吧！」「說得對，我正是要離開你！」類似這樣表達消極期待的威脅性的話往往很危險，不給進一步的交談留一點餘地。吵完架，轉身就走，會讓雞毛蒜皮也變得無法收場。

　　女人在氣頭說出的這句缺乏家庭責任感的話，可能會讓對方想入非非。施沃茲博士解釋說：「妳的丈夫可能會對妳說『再見』，或者譏諷妳不過是做做樣子，而這兩種結果都是對妳的一種羞辱。」男人真的很反感女人說這樣的話。因為拿分手去綁架對方，會顯得妳對感情很不重視。即便是和好如初了，理智的男人也會說服自己減少對妳的愛，因為它不夠有保障。

　　所以，無論吵得多麼凶，即使妳再憤怒，也一定要時時刻刻記著：對方是自己最愛的人，千萬不能衝動地說出「分手」二字，畢竟妳並不是真的想要離開。就算妳是真的想離開，怒氣沖天一走了之，你們的關係也不會就此結束，尤其還要牽涉孩

子的問題。最理智的做法是，尋求能就此進行交流的途徑。在這種情況下，只要夫妻間的關係還沒有破裂，說出真實的感受有助於接觸到問題的根本。

不過，對於大多數婚姻而言，如果一方動不動就用離開來威脅，那麼隨著時間的推移，這句「我要離開你」的話很可能會在將來的某一天變成現實。這就有點像自殺，總是威脅對方要離婚的人，會將自己未來的道路一點點地逼入絕境。當妳氣急敗壞、無法控制自己的情緒的時候，妳也只能這麼說：「那給我一種想要離開你的感覺。」

夫妻吵架時，男人最忌諱說的話

一、「妳要是這麼想，那我也沒辦法」

當男人不想跟你積極溝通或缺乏溝通的興趣時，就會甩出這句話。這是一句客觀來說殺傷力很強，表現出一種我無力與你爭辯的態度，而正是這種幾近放棄和無所謂的態度才有著令人秒炸的殺傷力。很多女人明確表示，寧願吵架，也不要這樣的冷暴力。

大家都是成年人，難道不能好好說話、平和溝通嗎？換成「我真的不是這麼想的，是不是我哪裡說錯了，讓妳誤會了」不行嗎？

Part 7　高 EQ 父母的自我修練
　　——好好說話，是一個家庭最寶貴的家風

　　類似的話還有：「你愛信不信」、「是妳說的，我可沒說過」、「我懶得和妳爭」、「算我的錯，行了吧」……要表達的都是同一個意思：我拒絕溝通。

二、「妳不就是嫌我窮嗎」

　　女人一旦對男人不滿意，或者發兩句牢騷，男人最愛說的就是這句話。因為只要這麼一說，對方就是拜金，對方就是壞人，自己瞬間就成了受害者。

　　同事的閨蜜跟前男友分手，前男友大翻臉，說：「妳不就是嫌我窮嗎？」

　　她真的怒了，說：「你以為你就只有窮一個缺點嗎？你小氣，你直男癌，你要求我以後不管生幾胎，一定要生到兒子為止……醒醒好嗎，窮只是你浩瀚缺點中的一個！」

　　真的，男人別總把自己的問題推給窮，你往往會發現，你不僅窮，你還醜，還懶，還髒，還不求上進呢。一個傷感情的事實是，比錢你拿不出手，比別的你更拿不出手。女人不跟你不是因為你沒錢，而是因為你要什麼沒什麼還沒錢！

三、「妳又怎麼了」

　　作為女人，最寒心的莫過於男人曾經那句關切的「妳怎麼了」變成了如今不耐煩的「妳又怎麼了」。好像妳每天都在找他麻煩一樣。為什麼要說「又」？語氣滿滿的都是不耐煩，一定要這麼

充滿嫌棄嗎?她生氣必然有她的理由啊,請認真聽一下,多付出一點耐心。

四、「女生就應該/不應該⋯⋯」

「這是直男癌最常用的句式,」一位勵志女作家如是說,「女生就應該穿裙子、留長髮、做家務、帶孩子⋯⋯誰規定的?我要做什麼,只有一個原則,因為我想、我喜歡,而不是因為我是女人。不要用性別來規定我要做什麼,這樣真的很封建社會。」

所以,不管是女人還是男人,若想好好過,那麼吵架時無論怎樣生氣,都不能頭腦發熱,信口開河,輕易說出以上這些傷人的狠話,一旦說了,你們的婚姻便凶多吉少了。何況人都有慣性,一旦在氣頭上說過一次,以後很容易會成為吵架時的口頭禪,不可能不傷感情。

最後奉勸所有的朋友,夫妻之間盡量有話好好說,不要動不動就吵架,贏了道理輸了感情誰也輸不起。所以,無論發生任何矛盾都要保持一顆寬容之心,彼此能夠相互讓步,讓步給自己的愛人又有什麼不可以的呢?事後一聲道歉或是一個微笑,便能使夫妻關係陰轉晴,前嫌盡棄。請記住,寬容使女人更可愛,寬容使男人更有魅力。

國家圖書館出版品預行編目資料

兒童情商力，從處理情緒到自信獨立：消化憤怒 × 理性表達 × 溫柔回應，停止咆哮「這是為你好」，了解孩子真正的需求 / 朱凌，常清著 . -- 第一版 . -- 臺北市：樂律文化事業有限公司，2024.12
面； 公分
POD 版
ISBN 978-626-7552-90-2(平裝)
1.CST: 親職教育 2.CST: 子女教育 3.CST: 情緒管理
528.2　　113017902

兒童情商力，從處理情緒到自信獨立：消化憤怒 × 理性表達 × 溫柔回應，停止咆哮「這是為你好」，了解孩子真正的需求

作　　　者：朱凌，常清
責任編輯：高惠娟
發 行 人：黃振庭
出 版 者：樂律文化事業有限公司
發 行 者：崧博出版事業有限公司
E - m a i l：sonbookservice@gmail.com
粉 絲 頁：https://www.facebook.com/sonbookss/
網　　址：https://sonbook.net/
地　　址：台北市中正區重慶南路一段 61 號 8 樓
Rm. 815, 8F., No.61, Sec. 1, Chongqing S. Rd., Zhongzheng Dist., Taipei City 100, Taiwan
電　　話：(02) 2370-3310　　傳　　真：(02) 2388-1990
律師顧問：廣華律師事務所 張珮琦律師
定　　價：320 元
發行日期：2024 年 12 月第一版
◎本書以 POD 印製